U1007014

北语对外汉语精版教材

速成汉语基础教程

Chinese Crash Course (Third Edition)

主　编：杨惠元

副主编：游锋华　韩　梅　李德钧

Integrated Textbook

综合课本（第3版）

5

北京语言大学出版社
BEIJING LANGUAGE AND CULTURE UNIVERSITY PRESS

图书在版编目（CIP）数据

速成汉语基础教程：综合课本. 5 / 杨惠元主编
. —3版. —北京：北京语言大学出版社, 2021.11（2024.9重印）
北语对外汉语精版教材
ISBN 978-7-5619-6018-9

Ⅰ. ①速… Ⅱ. ①杨… Ⅲ. ①汉语—对外汉语教学—
教材 Ⅳ. ①H195.4

中国版本图书馆CIP数据核字（2021）第218306号

速成汉语基础教程·综合课本 5（第 3 版）
SUCHENG HANYU JICHU JIAOCHENG · ZONGHE KEBEN 5 (DI 3 BAN)

排版制作：华伦图文制作中心
责任印制：邝 天

出版发行：北京语言大学出版社
社 址：北京市海淀区学院路 15 号，100083
网 址：www.blcup.com
电子信箱：service@blcup.com
电 话：编辑部 8610-82303395
发行部 8610-82303650/3591/3648
北语书店 8610-82303653
网购咨询 8610-82303908
印 刷：北京市金木堂数码科技有限公司

版 次：1996 年 1 月第 1 版 2007 年 9 月第 2 版 2021 年 11 月第 3 版
印 次：2024 年 9 月第 2 次印刷
开 本：787 毫米 × 1092 毫米 1/16 印 张：11.25
字 数：160 千字
定 价：56.00 元

PRINTED IN CHINA

第3版前言

《速成汉语基础教程·综合课本》（第3版）是《速成汉语初级教程·综合课本》（北京语言文化大学出版社，1996）和《速成汉语基础教程·综合课本》（北京大学出版社，2007）的修订版。在修订过程中，我们努力保持原教材的优势和特色：

1. 全套8册共出词语3600多个，基本涵盖了外国留学生在中国学习、生活的常用词汇。因此，学习本教程的学生可提高使用汉语进行实际交际的能力。

2. 课文内容实用有趣，学生爱学、易学。原版教材筛选和安排了贴近学生生活的、学了就能用的话题，这样的内容学生喜欢学、愿意学。大部分课文语言风趣幽默，能够引起学生的学习兴趣，激发他们的学习积极性。

3. 语法点的讲解基本采用归纳法。由于课文编写不受语法点的绝对限制，允许冒出新的语法点，所以编写的课文语言自然、流畅。多年的教学经验证明，我们对成人的汉语教学，应先使他们对语言现象有真切的感性认识，然后到一定阶段再进行归纳总结，帮助他们上升到理性认识，这样做符合第二语言教学的规律。

4. 第3版的练习保持了前两版"语音 → 词语 → 句型 → 功能 → 成段表达 → 篇章结构 → 阅读理解"一条龙的练习模式。练习大多紧紧围绕当课的生词、课文和语法点，针对当课的重点和难点，为教师组织课堂教学以及对学生进行语言技能乃至语言交际技能的训练服务。

在广泛征求教材使用者意见的基础上，我们进行了修订，使教材进一步完善。我们替换了内容过时的课文，删去了不常用的生词，增加了使用频率高的新词。为方便教学，我们增加了一些练习，把原有的练习调整为课堂练习和家庭作业两个部分，这样课上课下既分工又合作。我们以课堂练习为主，家庭作业为辅。家庭作业既可以是课堂教学的弹性内容，也可以作为第二天课上复习、检查的内容。

修订这套教材，我们总的指导思想是：以语音、词汇、语法、汉字等语言要素的教学为基础，通过课堂教学，帮助学生把语言要素转化为语言技能，进而转化为语言交际技能。为此，我们提出以下教学建议：

1. 语音是学生语言能力的门面，也是对外汉语教学的难点之一，所以我们保留了语音集中教学的前10课，在其他各课中仍然进行分散的语音训练，希望教师根据学生的发音问题，有选择、有重点、有针对性地进行语音训练。特别是声调的练习，我们特意将“定调音节”的练习延伸到第四册。因为汉语词大部分是双音节词，掌握了双音节的声调，就等于掌握了大部分汉语词的声调。双音节声调搭配总共只有20个，我们选了20个双音节作为定调标准。掌握了这20个双音节的声调，以后学生出现声调错误时，用定调音节提示一下，他们便可自行改正。练习中的“朗读定调音节”在第一册前9课是朗读拼音，第一册第十课以后过渡为朗读汉字。

2. 第一册的重点虽然是语音训练，但教师在突出听说训练的同时，也要重视汉字的认读和书写练习，帮助学生打好汉字基础。第一、二册各课后都附有“汉字表”，为了简明，我们删去了“繁体”一栏（如有必要，另出版繁体字版），保留了笔画笔顺和构成合体字的拆分部件两个部分。

3. 第二册到第八册的重点是词语教学，教师要帮助学生全面掌握好词语的“音、形、义、用”。每课生词表里的生词包括课文中的生词和练习中的生词。按照北语的教学模式，教师应该要求学生课前预习好生词，基本掌握词语的“音”和“义”。课堂练习的重点是词语的“音、义、用”，特别是词语的搭配和活用。词语的“形”可让学生通过家庭作业掌握。

4. 离合词是汉语特有的语言现象，且大多是动词。在前两版中，有的作为词组处理，不标注词性，汉语拼音分写；有的作为词处理，标注动词，汉语拼音连写。本次修订统一作为词，标注词性，汉语拼音连写。因为特殊，学生难于掌握，常常用错，所以在教学中教师要重视离合词的讲练。

5. 本教程是为外国留学生编写的，生词表中有个别生词的拼音标的是变调

（包括轻声），而没有采用《现代汉语词典》（第7版）标注的本调。这样，他们学习和使用起来比较贴近生活。离合词的拼音连写也是基于这一理念。

6. 汉语普通话是以北京语音为标准音，以北方话为基础方言的。我们本着这一原则处理儿化音，根据北京语音在需要儿化的词语后都加了“儿”，以方便学生学习地道的汉语普通话。

7. 语法讲解从结构入手，不追求系统性，力求简单明白，重视语义和语用功能的说明。教师可通过图片、动作、视频等各种直观手段展示语法点，再进行机械练习，最后落实到活用上，使学生置身于语言交际情境中，而不是语法术语和概念中。

8. 课文以话题为中心，为学生提供交际的模式。第一册到第四册的重点是关于学习、生活方面的交际，从第五册开始，话题逐渐向社会交际过渡，增加介绍中国国情、中国人的观念习俗等文化方面的内容。教师要尽量引导学生以课文为范本，说他们自己想说而不会说的话，以此训练学生的汉语思维能力，开发他们的语言潜能，提高交际能力。

9. 本教程逢五逢十的课设计了“功能会话”练习，意在突出“结构与功能相结合”的原则。“功能会话”练习与当课关系不是很紧密，但有一定的概括性。

10. 教师可多采用任务教学法，给学生布置各种交际任务，多组织课堂活动，要求学生使用语言完成交际任务，在交际中学习语言，强化他们学习语言的成就感，激发他们的学习积极性。

编　者

2021年3月

Preface for the Third Edition

Chinese Crash Course: Integrated Textbook (Third Edition) is the revised version of the first edition (*Short Term Intensive Elementary Chinese*, 1996, Beijing Language and Culture University Press) and the second edition (*Speed-up Chinese: Integrated Textbook*, 2007, Peking University Press). It is with the following advantages and features reserved:

1. With a vocabulary over 3,600, the textbooks cover the useful and common vocabulary for foreign students to study and live in China. After learning this course, students are expected to improve their language proficiency in Chinese communication.

2. The materials we used are student-centered, practical and interesting. The unrevised version provided students with materials from daily life, which can be put into practice immediately after class. The language of texts has a fine sense of humor, in which we believe students would be highly motivated in their language acquisition.

3. We apply inductive method to elaborate the grammar points. We have briefly dealt with the most frequently used grammatical rules and explained them in as non-technical a way as possible. New grammar points are not strictly confined to certain text since long-year teaching experience shows that for adult-learners, a general impression for the language will help them form a stronger foundation for their language learning.

4. The training mode of "pronunciation→words and phrases→sentence patterns→function→expressions in paragraph→discourse structure→reading comprehension" keeps unchanged in the third edition. The exercises are closely related to the text. The key grammar points are highlighted in the exercises. It is designed

to assist teachers to organize in-class activities and consolidate the students' in-class acquisition.

We revised the textbooks based on the suggestions of textbook users. Outdated texts were changed, uncommonly used words were deleted, and new frequently used words were added. For the teachers' convenience, we replenished some exercises, and divided the original exercises into in-class exercises and homework. Thus, in-class exercises and homework have cooperation and division, mainly in-class exercises and homework as a supplement. Homework can be used as the flexible content for class teaching, some can be used for reviewing and examining on the second day.

Our guideline for this revision is to integrate phonetics, vocabulary, grammar and Chinese characters into the textbook and by the designed in-class activities, learners are able to transfer what is in the text into daily use and hence they can improve their language skills. To achieve this goal, we propose the following suggestions for teachers:

1. Pronunciation is a key and difficulty for language learners. Accordingly, we reserve the first ten lessons with the focus on pronunciation drills. Pronunciation drills are also distributed in each lesson. We hope that pronunciation drills can be varied according to students' pronunciation problems. Especially tones' practice, we intentionally extended the exercise of "Read aloud the syllables and pay attention to the tones" to the fourth volume. Most of Chinese words are disyllabic, mastering the tones of disyllabic words equates to mastering the tones of most of Chinese words. There are only 20 disyllabic tonal collocations, we selected the 20 syllables as the tone standard. When students make tonal mistakes, the tones of the 20 syllables can be used as a reference for them to correct. "Read aloud the syllables and pay attention to the tones" in lesson 1 to lesson 9 of the first volume is to read aloud the Pinyin, and from lesson 10 of the first volume on, this exercise is gradually transiting to read aloud Chinese characters.

2. Though the first volume focuses on pronunciation drills, Chinese characters

should also be involved in class. Teachers should help the students lay a good foundation of Chinese characters. "Table of Chinese characters' order of strokes" are attached in the first and second volumes. We deleted the column of "traditional Chinese characters" (traditional Chinese characters version can also be published if necessary), and reserved the columns of strokes, order of strokes and components of composite Chinese characters.

3. From the second volume to the eighth volume, the emphasis is on vocabulary. The glossary in each lesson includes new words in the text and exercises. According to "Beiyu mode", students are required to preview the new words before class, and have a basic command of "pronunciation" and "meaning" of the new words. The key of in-class practice is "pronunciation, meaning, use" of the words, especially the collocation and variation of the words. "Form" of the words can be practiced through homework.

4. Segregatory words are special language phenomena in Chinese, most of them are verbs. They are regarded as phrases in the first and second editions, and separately writing of Chinese Pinyin; some of them are regarded as words, parts of speech tagging as verbs, and continuously writing of Chinese Pinyin. In this version, segregatory words are regarded as words, parts of speech tagging as verbs, and continuously writing of Chinese Pinyin. Because its difficulty, teachers should pay attention to the practice of segregatory words for avoiding students' mistakes.

5. The course is compiled for foreign students, so some Pinyin of the new words are marked modified tones (including neutral tone), not the original tone in *Modern Chinese Dictionary (7th Edition)*. Thus, the students can smoothly learn and use Chinese language in daily life. Continuously writing of Chinese Pinyin of segregatory words is also base on the same principle.

6. Beijing pronunciation is the standard pronunciation of Putonghua, and the northern dialect is its basic dialect. According to this principle, we put "er" on the R-pronounced Words, for the students to learn authentic Chinese.

7. Teachers are expected to deal with the most frequently used grammatical rules

and explained them in as non-technical a way as possible. To achieve this, multi-media assistance, like pictures, body language and videos, can be used in class. In this way, students can be immersed in the language rather than lost in the grammatical jungle.

8. The texts are topic-centered and provide students with communication drills. The first volume to the fourth volume is mainly about campus life. From the fifth volume on, more social talks about Chinese culture, customs and ideas are involved. Teachers are expected to focus on the text and try to open students' mouths, improve their language ability and cultivate their language-learning potential.

9. "Functional conversations" is designed for this course every fifth or tenth lesson, with emphasis on "combining the linguistic structure with function". "Functional conversations" might be not closely related to the texts, but it is still a succinct summary.

10. Teachers can apply task-based approach in class and assign different communication tasks to students as much as possible. More in-class activities are strongly suggested. Hence, students are able to learn the language through communication and could be motivated by using the language.

Compilers

March, 2021

第1版前言

《速成汉语初级教程·综合课本》是为短期班零起点的外国学生编写的初级汉语教材（也可供长期班零起点的外国学生使用），教学时间为一个学期（20周），要求学生基本达到国内基础汉语教学一学年所达到的汉语水平。

速成教学时间短，要求高，只有实行“强化 + 科学化”的教学，才能成为最优化的教学。我们认为，速成教学的总体构想应该是：以掌握话题内容为教学的最低目的，以掌握话题模式为教学的最高目的，以掌握语法、功能为实现教学目的的具体措施和根本保障。因此，本教材的总体构想是：以话题为中心，以语法、功能为暗线，以全方位的练习为主体。

教材具体安排如下：共编80课，语音教学贯彻始终。1～10课突出语音（声母、韵母、声调），不涉及语法和功能；11～80课侧重于语法和功能，兼顾语音（难音、难调、重音、语调）。

编写课文时，我们慎重筛选和安排话题。有关生活、学习、交际方面的内容先出，介绍中国国情、中国人观念习俗的文化内容后出。其中，介绍中国国情的内容，以反映社会积极因素为主，但也有个别课文是反映社会消极因素的，避免脱离实际。课文内容的确定，均受一定语法点的制约，但又不捆得过死，注重语言的流畅性和趣味性。课文篇幅逐渐加长，但最长的不超过500字。

这套系列教材共出生词3400多个（专名未计算在内）。注音基本上以中国社会科学院语言研究所词典编辑室所编的《现代汉语词典》为依据，极个别的词参考了《汉语水平词汇与汉字等级大纲》。词性主要参考冯志纯等主编的《新编汉语多功能词典》。每课生词平均43个左右，只要求学生掌握本课重点词语。

语法点的选取主要依据国家对外汉语教学领导小组所编的《汉语水平等

级标准与语法等级大纲》。教材中涉及的语法点，甲级的只有少数没出，乙级的出了大部分，丙级的也选取了一些。我们对少数语法点进行了调整，扩大了趋向补语、结果补语以及主谓谓语句的范围，增加了数量补语。语法难点分散出。对课文中出现的语法点，我们采取分别对待的处理方法：重点的语法点注释略多些，次重点的语法点注释从简，非重点的语法点不加注释，如连动句、兼语句等。语法点不是见一个注一个，基本上采取归纳法，并注意说明使用条件。

这套系列教材共选取100多个功能项目。这些功能项目都是学生最常见、最急用的。对这些功能项目也采取归纳法，而且是在逢五逢十的课中归纳。所归纳的功能项目只具有提示作用，在句型上不求全，教师上课时可根据教学实际情况适当补充。

我们所设计的练习是为教师备课、组织课堂教学、对学生进行技能训练服务的，说到底，是为提高学生的语言交际能力服务的。为此，我们采用了"语音→词语→句型→功能→成段表达→篇章结构→阅读理解"一条龙的练习模式。这些练习为帮助学生打好语音基础、实现从单句表达到成段表达的平稳过渡提供了可靠的保障。

我们的教材编写工作一直是在校领导和国家对外汉语教学领导小组办公室的大力支持下、在院领导的具体指导下、在学院同志的热情帮助下进行的。没有上上下下的通力合作，这套教材是编不出来的。

在教材编写过程中，我们召开过院内专家咨询会、校内专家咨询会，参加过合肥教材问题研讨会。与会专家对我们的教材初稿提出了许多宝贵意见，使我们的修改工作有了准绳。

在编写课文时，我们参考了校内外的有关教材，如韩鉴堂编的《中国文化》、赵洪琴等主编的《汉语写作》、刘德联等编的《趣味汉语》、吴晓露等主编的《说汉语谈文化》、潘兆明主编的《汉语中级听力教程》、吕文珍主编的《五彩的世界》等，从中受益匪浅。

在此，我们谨向有关领导、专家、同行和所有直接或间接帮助过我们的同志表示衷心的感谢。限于水平，教材的缺点和错误在所难免，恳请使用者给予批评指正。

编　者

1995年12月

Preface for the First Edition

Short Term Intensive Elementary Chinese is a Chinese language textbook designed for foreigners at elementary level in short term classes. It can, however, also be used for long term classes. The course covers one semester (20 weeks), students are expected to reach the basic level of one year regular Chinese language learning in China.

Intensive Chinese teaching requires "intensify + science". We think that the basic principle is: the minimum teaching aim is to master the topic contents, the maximum teaching aim is to master the topic mode, and the ultimate aim is to have a good command of grammar and function. In short, the overall design of the textbooks is centered on the topics, grammar and function as inherent clues, and accompanied with various exercises.

The textbooks consist of 80 texts and with pronunciation teaching throughout. Lesson 1 to Lesson 10 deals with pronunciation (initials, finals and tones), and without grammar and function involved. Lesson 11 to Lesson 80 focuses on grammar and function, with pronunciation involved (difficult syllables, tones, stress, and intonation).

Topics are carefully selected for compiling the texts. Topics from daily life are preferable, and then topics related to Chinese culture and customs. Positive aspects of Chinese society are highlighted, however, negative aspects are reserved for authenticity. The texts are restricted by grammar points in some extent, but language's fluency and interest are still pursued. The length of texts is added progressively, no more than 500 words.

The textbooks include over 3,400 words (excluding the proper nouns). Pronunciation is mostly based on *Modern Chinese Dictionary* compiled by dictionary department of Institute of Linguistics at Chinese Academy of Sciences. Some words are based on *Syllabus of Graded Words and Characters for Chinese Proficiency*. Parts of speech are mainly based on *The Newly Compiled Chinese Multiple Functional Dictionary* chiefly compiled by Feng Zhichun and so on. Each text consists of about 43 new words, students are required to have a good command of key words and phrases.

Grammar points are basically selected according to *Chinese Proficiency Graded Standard and Grammar Syllabus* compiled by China National Office for Teaching Chinese as a Foreign Language. Most of grammar points of class-A are included, as well as those of class-B. Grammar points of class-C are also selected. We have adjusted some of the grammar points, and extended the scope of directional complement, resultative complement and clausal predicate sentence, etc. Quantitive complement is also added. We have interpreted the grammar points in different ways: key grammar points are explained in detail, less important grammar points are explained in brief, and non-key grammar points are omitted, for example, sentences with serial verbs and pivotal sentences, etc. The inductive method has been adopted, with explanations to the condition of usage.

Over 100 functional items have been selected in the textbooks, which are useful and practical. These items have been summarized every fifth and tenth lesson. Sentence patterns might not be all covered, teachers can replenish it according to their teaching needs.

The exercises have been designed for teachers' lesson preparation and classroom organization, as well as for students' skills training. In the long run, the exercises aim to improve students' communication skills. We adopted the exercise mode: "pronunciation→words and phrases→sentence patterns→function→expressions in paragraph→discourse structure→reading comprehension". The exercises can be helpful to lay a solid foundation in students' pronunciation and communication skills.

The textbooks have been supported by our university and China National Office for Teaching Chinese as a Foreign Language, as well as our colleagues. Without them, the textbooks cannot be published.

While compiling the textbooks, seminars among experts of our university and college were held. We also attended the conference in Hefei on textbooks. Those experts have given us many helpful suggestions, which are very useful and constructive.

Many textbooks have been used as reference. These books are: *Chinese Culture* (compiled by Han Jiantang), *Chinese Writing* (chiefly compiled by Zhao Hongqin and so on), *Interesting Chinese* (compiled by Liu Delian and so on), *Talking about Chinese Culture* (chiefly compiled by Wu Xiaolu and so on), *Chinese Intermediate Listening Course* (chiefly compiled by Pan Zhaoming), *The Colorful World* (chiefly compiled by Lyu Wenzhen).

We would like to express our sincere thanks to those who have given us direct or indirect help. Because of our limited knowledge, mistakes are inevitable, your suggestions are very much appreciated.

Compilers

December, 1995

第2版前言

《速成汉语基础教程·综合课本》是《速成汉语初级教程·综合课本》的修订版。在修订过程中，我们保持原教材的优势和特色：

1. 全书共出词语3600多个，基本涵盖了《汉语水平词汇与汉字等级大纲》中的甲、乙两级词汇，另有一部分丙级词和超纲词。学完本教程的学生有望通过较高等级的HSK考试。

2. 原教材选取了贴近学生生活、学了就能用的话题，这样的内容学生喜欢学、愿意学。课文语言自然流畅、风趣幽默，能够引起学生的学习兴趣，激发他们的学习积极性。

3. 原教材语法点的讲解基本采用归纳法，课文编写不受语法点的绝对限制，允许冒出新的语法点。多年的教学经验证明，对成年人的汉语教学，首先要使他们对各种语言现象形成真切的感性认识，到一定阶段再进行归纳总结，帮助他们上升到理性认识，这样才符合第二语言教学的规律。

4. 原教材设计的练习大都紧紧围绕课文和当课的语法点，针对当课的重点和难点，能够很好地为教师备课、组织课堂教学、对学生进行语言技能和语言交际技能的训练服务。

原教材使用了10多年，我们也发现一些问题，如有的内容过时，有的练习显得臃肿，有的语法点解释过于烦琐等。这次修订，我们做的主要工作如下：

1. 为方便学生使用，把原教材的四册拆分为八册。本教程是为短期班零起点的外国学生编写的基础汉语教材，原教材80课共四册，每册20课，课本厚，内容多，学生短期内学不完，所以不适合短期班学生选择使用。修订后每册10课，便于教学单位根据学生实际水平灵活选用。学生能够在短期内学完一册课本，也会很有成就感和满足感。

2. 与时俱进，替换了部分课文。原教材中有些过时的内容都已撤换，另外增加了一些新鲜的词语，如“网吧”“上网”“手机”“短信”“数码相机”“MP3”“电子邮件”等等。

3. 压缩了部分练习。原教材的练习丰富有效，但是受教学时间限制，课上不能全部完成，短期班学生又不宜留过多的家庭作业，因此我们精简了练习项目，有些内容移到了与之配套的《速成汉语基础教程·听说课本》中。

4. 精简了语法点的注释。为贯彻“强化词语教学，淡化句法教学”的原则，并且考虑到短期班学生不一定要掌握系统的语法，我们把原教材中过于烦琐的语法注释删去，以便于教师讲解和学生记忆。

修订这套教材，我们总的指导思想是：以语音、词汇、语法、汉字等语言要素的教学为基础，通过课堂教学，帮助学生把语言要素转化为语言技能，进而转化为语言交际技能。为此，我们提出以下教学建议：

1. 由于语音是学生语言能力的门面，也是对外汉语教学的难点之一，我们保留了作为语音集中教学阶段的前10课，同时在各课中仍然进行分散的语音训练，希望教师根据学生的发音问题，有选择、有重点地加强语音训练。

2. 第一册的重点虽然是语音训练，但教师在突出听说训练的同时，也要重视汉字的认读和书写练习，帮助学生打好汉字基础。

3. 第二册到第八册的重点是词语教学。每课生词表里的生词包括课文中的生词和练习中的生词，两部分生词同等重要。在教学中，我们希望教师带领学生完成课后的所有练习，并且重视词语的搭配和活用，帮助学生掌握好词语的“音、形、义、用”。

4. 语法讲解不追求系统性，力求简单明了，从结构入手，重视语义和语用功能的说明。教师可通过图片、动作、视频等各种直观手段展示语法点，再进行机械练习，最后落实到活用上，使学生置身于语言交际的情境中，而不是语法术语和概念中。

5. 课文以话题为中心，为学生提供交际的模式。第一册到第四册的重点是有关学习、生活方面的交际，从第五册开始，话题逐渐向社会交际过渡，增加介绍中国国情、中国人的观念习俗等文化方面的内容。教师要尽量引导学生以课文为范本，说他们自己想说的话，以此训练学生的思维能力，开发他们的语言潜能，提高交际能力。

6. 教师可采用任务教学法，给学生布置各种交际任务，多组织课堂活动，要求学生使用语言完成交际任务，在交际中学习语言，强化他们学习语言的成就感，激发他们的学习积极性。

《速成汉语基础教程·综合课本》(1—8)（第2版）的主编为郭志良和杨惠元。在本教程的修订过程中，张志忠修改了部分插图，赵娅修改了部分语法注释的英文翻译，罗斌翻译了前言。

编　者

2007年2月

Preface for the Second Edition

Speed-up Chinese: Integrated Textbook is the revised version of *Short Term Intensive Elementary Chinese,* with the following advantages and features reserved:

1. With a vocabulary over 3,600, the textbooks cover class-A and class-B words of *Syllabus of Graded Words and Characters for Chinese Proficiency*. Words of class-C and higher are included as well. After learning this course, students are expected to pass the advanced level of HSK.

2. The materials we used are student-centered. The unrevised version provided students with materials from daily life, which can be put into practice immediately after class. In this way, we believe students would be highly motivated in their language acquisition.

3. We apply inductive method to elaborate the grammar points. We have briefly dealt with the most frequently used grammatical rules and explained them in as non-technical a way as possible. New grammar points are not strictly confined to certain text since long-year teaching experience shows that for adult-learners, a general impression for the language will help them form a stronger foundation for their language learning.

4. The exercises are closely related to the text. The key grammar points are highlighted in the exercises. It is designed to assist teachers to organize in-class activities and consolidate the students' in-class acquisition.

The unrevised version has been in use for over ten years. Great changes have been taken place in the world and also in Chinese language. To make the textbook adapt to the changes, we revised the book. For this revision, our main focuses are:

1. For the learners' convenience, we divided the original four volumes into eight.

The revised version targets at short-term beginners. The unrevised version includes 80 lessons distributed in four volumes, with each having 20 lessons. While the revised version has 10 lessons for each volume, it can better suit the needs of short-term beginners.

2. We keep our pace with the times and update the materials. New words, such as Internet café, surf online, cell-phone, text messages are added into the revised version.

3. We removed some of the exercises. The exercises in the unrevised version are abundant. In considering the short learning span, we cut some exercises to suit the short-term learners' needs. A portion of the exercises is transferred to the *Speed-up Chinese: Listening and Speaking*.

4. We simplified the notes and explanations for grammar points. For beginners, emphasis should be put on vocabulary rather than the sentences. We removed some lengthy and complex notes and simplified the explanation to meet the requirements of learners.

Our guideline for the revision is to integrate phonetics, vocabulary, grammar and Chinese characters into the textbook and by the designed in-class activities, learners are able to transfer what is in the text into daily use and hence they can improve their language skills. To achieve this goal, we proposed the following suggestions for teachers:

1. Pronunciation is a key to language learners' learning and communication success outside the classroom. Accordingly, we reserved the first ten lessons with the focus on pronunciation drills. Pronunciation drills are also distributed in each lesson. We hope that teachers can pay continuous attention to students' pronunciation.

2. Though the first volume focuses on pronunciation drills, Chinese characters should also be involved in class. Teachers should help the students lay a good foundation of Chinese characters.

3. From the second volume to the eighth volume, the emphasis is on vocabulary. The glossary in each lesson includes new words in the text and exercises. Teachers

are expected to guide students to finish the exercises. Meanwhile, the collocation and variation of the words should also be emphasized.

4. Teachers are expected to deal with the most frequently used grammatical rules and explained them in as non-technical a way as possible. To achieve this, multi-media assistance, like pictures, body language and videos, can be used in class. In this way, students can be immersed in the language rather than lost in the grammatical jungle.

5. The texts are topic-centered and provided students with communication drills. Volume 1 to volume 5 is mainly about campus life. From volume 5 on, more social talks about Chinese culture, customs and ideas are involved. Teachers are expected to focus on the texts and try to open students' mouths, improve their language ability and cultivate their language-learning potential.

6. Teachers can apply task-based approach in class and assign different communication tasks to students. More in-class activities are strongly suggested. Hence, students are able to learn the language through communication and could be motivated by using the language.

Speed-up Chinese: Integrated Textbook (1—8) (Second Edition) is chiefly compiled by Guo Zhiliang and Yang Huiyuan. Zhang Zhizhong redrew some of the pictures, Zhao Ya revised the English grammar notes and Luo Bin translated the English preface.

Compilers

February, 2007

CONTENTS
目　录

Dì-yī kè
第一课 我想给你当一回红娘

一 课文 Text

（一）

（一天晚上，王欢来到他的同事、好友高山的宿舍）

王　欢：快把窗户开开，这屋子里的烟味儿太大了。

高　山：你来得正好。朋友送我一盒好烟，你来一支尝尝。

王　欢：谢谢，不抽了。

高　山：怎么，把烟戒了？

王　欢：没办法，老婆不让抽。

高　山：戒烟是好事，可我怎么也戒不了。

王　欢：我正是为你的事儿来的。我想给你当一回红娘，找个帮你戒烟的人。

高　山：是吗？那太感谢你了。

王　欢：我把姑娘的照片带来了，你看看，怎么样？

高　山：挺漂亮的，她是……

王　欢：我妹妹的老同学，今年23岁，大学毕业，是国际旅行社的翻译，身高一米六、聪明好学、身体健康……

高　山：我身高才一米六八，人家能同意吗？

王　欢：她对身高没提什么要求。你要是没意见，那就先见个面再说吧。

高　山：你这么热心，我怕这事儿会让你失望。

王　欢：那有什么？成了，我早点儿喝你们的喜酒；不成也没关系，以后遇见合适的再给你介绍。

（二）

王欢是个有名的热心人。单位里谁有困难，他都尽力帮忙。在他的帮助下，好几个人都结婚了。老张、小李的对象就是他介绍的。大家都很喜欢他。有人叫他“热心的红娘”，还有人说他是“学校婚姻介绍所”的“义务所长”。有人问他：“你对别人的婚姻大事怎么这么关心？”王欢笑着回答说：“不为别的，就为讨杯喜酒喝。”

二 生词 New words

1. 味儿	（名）	wèir	smell, taste, flavor
2. 老婆	（名）	lǎopo	wife
3. 了	（动）	liǎo	(used in the pattern V/adj+得/不+了 to indicate the possibility or impossibility)
4. 国际	（形）	guójì	international
5. 旅行社	（名）	lǚxíngshè	travel agent
6. 身高	（名）	shēngāo	height (of a person)
7. 好	（动）	hào	to be fond of (doing)
8. 人家	（代）	rénjia	other, another (usually refer to a person/ persons other than the speaker and hearer)
9. 见面	（动）	jiànmiàn	to meet, to see
10. 热心	（形）	rèxīn	warm-hearted
11. 失望	（形）	shīwàng	disappointed
12. 单位	（名）	dānwèi	unit
13. 困难	（名）	kùnnan	difficulty
14. 尽力	（动）	jìnlì	to do all one can, to try one's best
15. 帮忙	（动）	bāngmáng	to help, to give a hand
16. 好几	（数）	hǎojǐ	(before quantifiers) quite a few
17. 对象	（名）	duìxiàng	boy or girl friend, partner
18. 婚姻	（名）	hūnyīn	marriage
19. 义务	（形）	yìwù	voluntary

20. 所长	(名)	suǒzhǎng	head of an institute, bureau, etc.
所	(名)	suǒ	institute, organization
21. 讨	(动)	tǎo	to demand, to ask for, to beg for

补充词汇 Supplementary words

1. 忽然	(副)	hūrán	suddenly
2. 克服	(动)	kèfú	to surmount, to overcome, to conquer
3. 刻苦	(形)	kèkǔ	assiduous, hardworking
4. 空气	(名)	kōngqì	air
5. 打扮	(动)	dǎban	to dress up, to make up
6. 司机	(名)	sījī	driver
7. 售票员	(名)	shòupiàoyuán	ticket seller, conductor
8. 小伙子	(名)	xiǎohuǒzi	lad, young fellow, young man
9. 精神	(形)	jīngshen	spirited, vigorous
10. 帅	(形)	shuài	handsome, smart
11. 得到	(动)	dédào	to get, to obtain, to gain
12. 热乎乎	(形)	rèhūhū	warm
13. 发现	(动)	fāxiàn	to discover, to find
14. 优秀	(形)	yōuxiù	outstanding, excellent, splendid
15. 优良	(形)	yōuliáng	fine, good
16. 救	(动)	jiù	to rescue, to save
17. 活	(形)	huó	alive, flexible
18. 杯子	(名)	bēizi	cup
19. 傻	(形)	shǎ	stupid, foolish
20. 总是	(副)	zǒngshì	always
总	(副)	zǒng	always, consistently

专名 Proper nouns

1. 红娘	Hóngniáng	matchmaker
2. 高山	Gāo Shān	name of a person, usually a male name
3. 周小芳	Zhōu Xiǎofāng	name of a person, usually a female name

二 课堂练习 Exercises

（一）语音

1. 辨音辨调

zhàogù	照顾	guójí	国籍	duìxiàng	对象
zhāohu	招呼	guójì	国际	duìxiàn	兑现
zhōngshēn	终身	xīwàng	希望	huíyīn	回音
zhōngshēng	终生	shīwàng	失望	hūnyīn	婚姻
hūrán	忽然	kèfú	克服		
tūrán	突然	kèkǔ	刻苦		

2. 三音节声调

zhōngxuéshēng	中学生	xiǎoxuéshēng	小学生
liúxuéshēng	留学生	dàxuéshēng	大学生
gōngfèishēng	公费生	yánjiūshēng	研究生
zìfèishēng	自费生	jìnxiūshēng	进修生

3. 语调

（1）你把烟戒了吗？

（2）你把酒戒了吗？

（3）你把事儿办了吗？

（4）你把书还了吗？

（5）你把账结了吗？

（6）他把那批货运走了。

（7）他把张所长请来了。

（8）他把收音机打开了。

（9）他把那杯茶水倒掉了。

（10）他把单子填好了。

（二）词语

1. 从本课生词表中选择合适的词语填空

（1）这个菜的________真香！

（2）教室里________不太好，把窗户开开！

（3）我忽然发现白老师今天________得非常漂亮。

（4）回来的火车票由________代买。

（5）那个孩子的爸爸是公共汽车________，妈妈是________。

（6）她是去年毕业的，现在在________旅行社工作。

（7）谁有事儿，老张都________，他是个________人。

（8）以后你有事儿，我一定________帮忙。

（9）中国人把经常给别人介绍________的人叫作________。

（10）大家都说王欢是“学校婚姻介绍所”的“________”。

（11）我的________大事儿应该由我决定。

（12）这个小伙子长得真________。

（13）这次旅行他________很多人的帮助，心里________的。

（14）他从小________玩儿，不喜欢学习。

（15）老师喜欢刻苦________学的学生。

（16）你这么不努力，太让人________了。

（17）今天晚上7点咱们在文化公园门口________，不见不散。

（18）我________小王最近很爱打扮。

（19）每次考试大内的成绩都是________。

（20）他们________了很多困难，取得了________的成绩。

（21）小王每天早起晚睡，学习非常________。

（22）屋子里烟________太大了，别抽烟了。

2. 用下面的词语回答问题

见　面

（1）你跟彼得多长时间没见面了？

（2）你们上次见面是什么时候？

（3）今天晚上你们在哪儿见面？

（4）你愿意不愿意跟那位姑娘见个面？

（5）你跟他见面的时候说什么？

（6）你们每天见面吗？

帮／帮助／帮忙

（1）小时候，你帮妈妈做过家务吗？

（2）你想请朋友帮你照张相，你会怎么对他说？

（3）王欢帮助谁找到了对象？

（4）在最困难的时候，你最希望得到谁的帮助？

（5）工作上遇到困难时，你会找人帮忙吗？

（6）你常常帮朋友的忙吗？

（三）句型

替换

（1）请你把窗户开开。

窗户	打开
窗户	关上
门	打开
门	开开
门	关上
灯	打开
灯	关上
电视	打开
电视	关上

（2）A：你把药吃了吗？

B：我把药吃了。

丸药	吃
药水	喝
衣服	洗
那本杂志	还
饭钱	付
作业	做
房间	打扫
桌子	收拾

（3）A：你把今天的练习做完了吗？

B：我把今天的练习做完了。

饺子	包完
那瓶啤酒	喝完
这课的录音	听完
今天的课文	复习完
这课的生词	记住
灯笼	做好
生日礼物	准备好
茶具	洗干净
时间和地点	问清楚

（4）A：他把信给你了没有？

B：他还没给我呢。

那本杂志	给
那本书	给
那张照片	送
那本词典	送
自行车	还
钢笔	还

那件事儿	告诉
考试的时间	告诉
参观的事儿	通知

（四）课堂讨论

1. 请介绍一下王欢热心帮助别人的情况。
2. 你周围（zhōuwéi，around）有没有像王欢一样的热心人？请介绍一下。

四 家庭作业 Homework

（一）用下列生词至少组成两个短语

（1）打扮：________ ________　（2）尽力：________ ________

（3）见面：________ ________　（4）得到：________ ________

（5）帮忙：________ ________　（6）发现：________ ________

（7）失望：________ ________　（8）国际：________ ________

（9）好：________ ________　（10）克服：________ ________

（11）优秀：________ ________　（12）优良：________ ________

（二）把下列词语连成"把"字句

（1）我	那本书	翻译完了
（2）我	那封信	寄走了
（3）我	这些东西	包好了
（4）我	那个故事	讲完了
（5）我	水果	洗好了
（6）我	那些事儿	忘了
（7）我	宿舍	打扫了
（8）我	门	关上了

（9）我	练习本子	交给老师了
（10）我	可口可乐	喝完了
（11）我	那个病人	救活了
（12）我	包裹	取回来了

（三）选择正确的回答

（1）屋里为什么这么冷？	（ ）	A. 我已经戒了半年了。
（2）我的练习本呢？	（ ）	B. 还没写完呢。
（3）怎么，你把烟戒了？	（ ）	C. 他们已经把这件事儿告诉我了。
（4）你把杯子洗完了吗？	（ ）	D. 小张把你的练习本拿走了。
（5）这不是小王的钢笔吗？	（ ）	E. 我已经把杯子洗完了。
（6）这件事儿你知道吗？	（ ）	F. 我已经复习完了。
（7）明天你能把课文复习完吗？	（ ）	G. 他把钢笔送我了。
（8）你把信写完了没有？	（ ）	H. 他把窗户打开了。

（四）阅读

我真傻

“小张师傅，给你介绍一个对象，怎么样？”星期六下午在回家的路上，周小芳对我说。

“好啊，是谁呀？”我问她。

“一见面你就知道了。明天上午9点在北海公园门口见……”话还没说完，她就骑车走了。

小芳是前年毕业来我们单位的。这一年多，我们在一起工作。我是司机，她是售票员。她总是叫我“小张师傅”。有一次我修车修到晚上10点多钟，忘了吃饭。我刚把车修好，就听见有人喊：“小张师傅！小张师傅！”我打开车门一看，小芳给我端来了一碗热乎乎的饺子。我感动极了！今天她又要给我介绍对象，对我这么关心，真像我的家人（jiārén，family member）。

星期天，我换了一身新衣服，不到9点就来到公园门口。没想到小芳已经先来了。她怎么一个人来的？那个人呢？我正想着，小芳走过来向我笑了笑，说："我已经买了票，咱们进去吧。"

我们走进公园，她问我希望找一个什么样儿的姑娘。我告诉她，我想找一个会关心别人、聪明好学、身体健康的姑娘。我们一边走，一边谈，谈了很多，谈到了工作和学习，也谈到了生活和爱好。

我们谈得非常高兴。这时候，一个小孩子问我："叔叔，几点了？"我一看表："快11点了。"

我站住问小芳："你给我介绍的姑娘呢？她怎么还没来？"小芳脸一红，不好意思地说："你啊，真是……"

我忽然发现，小芳今天打扮得特别漂亮。我心里一热："啊，我真傻……"

1. 回答问题

（1）小芳给小张师傅介绍的对象是谁？

（2）小张师傅为什么说自己"真傻"？

（3）你觉得小芳和小张师傅恋爱（liàn'ài，to fall in love）的方式怎么样？

2. 复述短文

（五）写作

你会用相亲（xiāngqīn，blind date）的方式找对象吗？说说你对相亲的看法。

五 语法 Grammar

"把"字句（3）　"把" sentence (3)

如果施事主语通过动作使受事发生某种状态变化，同时又强调受事成为主话题时，要用“把”字句。这种“把”字句的基本语序是：

If the patient's state is changed by the action of agentive subject, meanwhile, the patient becomes the main topic, a “把” sentence should be used. The basic order of this kind of “把” sentence is:

施事主语（+状语）+把+受事宾语+述语 （+补语）+了

agentive subject (+ adverbial) + 把 + patient object + predicative (+ complement) +了

例如：E.g.:

（1）他把窗户开开了。

（2）我把作业做完了。

（3）快把衣服换了。

（4）他们把自行车卖了。

六 注释 Notes

红娘 Matchmaker

红娘是《西厢记》中的重要人物之一，崔莺莺的侍女，促成了崔莺莺和张生的结合。民间把红娘作为帮助别人获得美满姻缘的人的代称。另外，民间还把这样的人叫作“月下老人”。

Hongniang, one of the main characters in the play entitled *A Story of the West Chamber*, she is the maid of Cui Yingying. She helps to bring about the marriage of Cui Yingying and Zhang Sheng. Therefore, Hongniang is used as an alternative name to refer to a kind-hearted matchmaker. In addition, “Yuèxià lǎorén” is also used to refer to a matchmaker.

Dì-èr kè 第二课 她想研究中国民俗

一 课文 Text

（一）

（艾米在白华老师家）

艾　米：白老师，您家里书真多，跟个小图书馆一样。

白　华：你喜欢看哪一本？随便拿。

艾　米：这本《中国民俗研究》借给我看看，行吗？

白　华：这本书是从学校图书馆借来的，快到期了。三天时间看得完吗？

艾　米：看不完，五天差不多。

白　华：行。

艾　米：到时候我一定还您。有借有还，再借不难嘛。

白　华：没错。我这个小图书馆的门随时为你开着。

艾　米：谢谢您！

白　华：班里同学都说你是个书迷。

艾　米：我还算不上，我爸爸才是个书迷呢。他看见好书就跟看见美酒一样。他说，读一本好书又解渴，又解饿，还不觉得困。

白　华：不吃不喝，光读书，那可就省钱了。

艾　米：一点儿也不省钱，我们国家的书比面包、牛奶可贵多了！

（二）

艾米想研究一下中国民俗。

她发现中国社会的很多民俗跟美国不一样。有些民俗，她感到新奇，但是能理解，有些就很难理解。比如，中国人，特别是年纪比较大的人，总爱问她“多大了”“在哪儿工作”“一个月挣多少钱”“结婚了吗”“有对象了吗”……他们为什么对别人的私事这么感兴趣？和中国朋友在一起，他们总说：“我的英语水平不高。”可他们对外国人却说：“你的汉语讲得真不错，水平很高。”这又是怎么回事儿？

艾米打算认真地读几本书，从中找出这些问题的答案。

二 生词 New words

1. 民俗	（名）	mínsú	folk custom, folkways
2. 到期	（动）	dàoqī	to become due, to expire
期	（名）	qī	designated time, a period of time
3. 随时	（副）	suíshí	at any time
4. 解渴	（动）	jiěkě	to quench one's thirst
5. 解饿	（动）	jiě'è	to satisfy one's hunger
6. 光	（副）	guāng	only, alone
7. 省	（动）	shěng	to save, to economize
8. 比	（介）	bǐ	than
9. 牛奶	（名）	niúnǎi	milk
奶	（名）	nǎi	milk
10. 社会	（名）	shèhuì	society
11. 有些	（代）	yǒuxiē	some
12. 感到	（动）	gǎndào	to feel, to sense
13. 新奇	（形）	xīnqí	novel, strange
14. 理解	（动）	lǐjiě	to understand, to comprehend
15. 比如	（动）	bǐrú	to take…for example
16. 爱	（动）	ài	to love, to be fond of
17. 挣	（动）	zhèng	to make (money), to earn

18. 私事	（名）	sīshì	private (or personal) affairs
19. 却	（副）	què	but, yet
20. 打算	（动）	dǎsuàn	to plan, to intend
21. 答案	（名）	dá'àn	answer, key

补充词汇 Supplementary words

1. 戴	（动）	dài	to wear, to put on
2. 眼镜	（名）	yǎnjìng	glasses, spectacles
3. 帽子	（名）	màozi	cap, hat
4. 组织	（动）	zǔzhī	to organize, to form
5. 变化	（名）	biànhuà	change
变	（动）	biàn	to change
6. 顶	（量）	dǐng	(a measure word for something with a top)
7. 厘米	（量）	límǐ	centimeter
8. 公斤	（量）	gōngjīn	kilogram
9. 轻	（形）	qīng	light
10. 公里	（量）	gōnglǐ	kilometer
11. 矮	（形）	ǎi	short (of stature)
12. 普通话	（名）	pǔtōnghuà	common speech (of the Chinese language)
普通	（形）	pǔtōng	ordinary, common
13. 钟头	（名）	zhōngtóu	hour
14. 内容	（名）	nèiróng	content, substance
15. 另	（代）	lìng	other, another
16. 父母	（名）	fùmǔ	parents, father and mother
17. 古代	（名）	gǔdài	the ancient times

专名 Proper nouns

《中国民俗研究》	《Zhōngguó Mínsú Yánjiū》	*The Research on Chinese Folk Custom*

二 课堂练习 Exercises

（一）语音

1. 辨音辨调

sīshì	私事	shìyàn	试验	xīnqí	新奇
shīshì	失事	shìyàng	式样	xīnqíng	心情
lǐjiě	理解	dǎban	打扮	liúlǎn	浏览
lìjiè	历届	dàbàn	大半	niúnǎi	牛奶

2. 三音节声调

听得懂 / 听不懂	听得见 / 听不见	看得懂 / 看不懂	看得见 / 看不见
吃得完 / 吃不完	学得完 / 学不完	写得完 / 写不完	做得完 / 做不完
喝得完 / 喝不完	修得好 / 修不好	买得到 / 买不到	记得住 / 记不住

3. 语调

（1）白老师，您家里书真多，跟个小图书馆一样。

（2）白老师，您家里杂志真多，跟个小阅览室一样。

（3）白老师，您家里酒真多，跟个小商店一样。

（4）白老师，您家里药真多，跟个医院一样。

（5）一点儿也不省钱，我们国家的书比面包、牛奶可贵多了！

（6）一点儿也不省钱，我们国家的药比面包、牛奶可贵多了！

（7）一点儿也不省钱，我们国家的烟比面包、牛奶可贵多了！

（8）一点儿也不省钱，我们国家的足球票比面包、牛奶可贵多了！

（二）词语

1. 从本课生词表中选择合适的词语填空

（1）艾米为了________钱买书，每天早上只吃面包。

（2）下了课，我去商店买________。

（3）你有问题，可以________来找我。

（4）你要是觉得寂寞，________可以给我打电话，我跟你聊天儿。

（5）走这条路比那条路近，可以________时间。

（6）她这个月天天去学生食堂吃饭，________了不少钱。

（7）你每个月________多少钱？

（8）我不喜欢别人问我的________。

（9）你怎么没________眼镜？

（10）我不习惯喝可口可乐，我觉得还是喝茶比较________。

（11）艾米的爸爸是个书迷，他觉得读一本好书又________，又________。

（12）你怎么________喝酒不吃菜？

（13）学习语言不能________在教室里上课，还应该到________上去学习。

（14）我________明年去上海学习。

（15）很多姑娘________打扮，喜欢穿漂亮的衣服。

（16）外边很冷，把帽子________上吧。

（17）这篇课文的意思你能________吗？

（18）学校打算________我们去西安旅行。

（19）你知道这个问题的正确________吗？

（20）来中国以后，彼得对很多事情感到很________。

（21）这里的________很大，我以前住的地方找不到了。

2. 用指定的词语改写句子

发　现

（1）来中国以后，彼得看到中国人的很多习惯跟美国人不一样。

（2）你有没有觉得大内上子这几天不高兴？

（3）北京的冬天比以前暖和了，你觉得没觉得？

（4）我觉得这本书的练习非常有用。

（5）我知道了手机里的一个新功能（gōngnéng，function）。

（6）我觉得中国这几年变化很大。

感　到

（1）贝拉收到男朋友寄来的生日礼物，她很高兴。

（2）山本正一个人住在医院，他觉得很寂寞。

（3）屋子里很暖和，出来以后有点儿冷。

（4）大家都认为白老师非常关心同学们。

（5）在老师的帮助下，同学们觉得自己一天比一天有进步。

（6）艾米对中国年轻人找对象的方式觉得很新奇。

打　算

（1）我想今年夏天去西安旅行。

（2）我要在中国学习四年。

（3）毕业以后，你想做什么工作？

（4）我想去天津，你呢？

（5）这件事儿我不想告诉他。

（6）我要把这件礼物送给方老师。

（三）句型

替换

（1）A：<u>他</u>跟<u>你</u>一样<u>大</u>吗？

B：对，<u>他</u>跟<u>我</u>一样<u>大</u>。

他　　　　　你（我）　　　　　高

他	你（我）	重
这个西瓜	那个	甜
这件衣服	那件	长
这双鞋	那双	大
这顶帽子	那顶	大
从这儿进城	从那儿进城	远
从这儿到他家	从那儿到他家	近
你们班的学生	他们班	多

（2）A：他跟你一样大吗？

B：不，他比我 大 。

A：他比你 大多少？

B：他比我 大 一岁。

他	你（我）	高	三厘米
他	你（我）	重	两公斤
这辆自行车	那辆	轻	五公斤
这件衣服	那件	长	两厘米
这双鞋	那双	大	一号
这顶帽子	那顶	大	半厘米
从这儿进城	从那儿进城	远	三公里
从这儿到他家	从那儿到他家	近	一里
你们班的学生	他们班	多	五个

（3）A：他跟你一样大吗？

B：不，他比我 小得多。

（不，他比我 小一点儿。）

他	你（我）	高	矮得多（矮一点儿）
他	你（我）	重	轻得多（轻一点儿）
这件衣服	那件	长	短得多（短一点儿）
这双鞋	那双	大	小得多（小一点儿）

这顶帽子	那顶	贵	便宜得多（便宜一点儿）
这辆自行车	那辆	新	旧得多（旧一点儿）
这种汽车	那种	快	慢得多（慢一点儿）
这个问题	那个	难	容易得多（容易一点儿）
你们班的学生	他们班	多	少得多（少一点儿）

（4）A：黑板上的字你看得见吗？

B：我看得见。

（我看不见。）

中文小说	看	懂
墙上的通知	看	清楚
外边有人说话	听	见
我说普通话	听	懂
课文的录音	听	清楚
这么多事情	做	完
这么多练习	做	完
这么多生词	记	住
晚上的电影票	买	到

（5）A：这本小说你三天看得完看不完？

B：看不完，五天差不多。

这些练习	一个小时	做	完	两个小时
今天的作业	一个钟头	做	完	一个半钟头
这些生词	两个小时	记	住	三个小时
那些事儿	一天	做	完	两天
这个房间	半个钟头	打扫	完	50分钟
这套茶具	20分钟	洗	完	40分钟
这些衣服	半个钟头	洗	完	一个钟头
这辆自行车	一个小时	修	好	一个半小时
这本书	10个星期	学	完	20个星期

（四）会话

1. 你去老师家或同学的宿舍，看到很多书或杂志，你想借一本，以课文为范本，跟你的老师或同学对话。
2. 以教室内的物品为题，练习表示比较的功能项目，注意使用“跟……一样（不一样）”和“比”字句。
3. 以学习为话题，练习表示可能的功能项目，注意使用可能补语。

（五）课堂讨论

你在跟中国人交往时是否遇到不理解的民俗？请具体说一说。

四 家庭作业 Homework

（一）用下列生词至少组成两个短语

（1）感到：________ ________　　（2）理解：________ ________

（3）组织：________ ________　　（4）随时：________ ________

（5）打算：________ ________　　（6）社会：________ ________

（7）戴：________ ________　　（8）省：________ ________

（二）在下列句子中填上合适的可能补语

（1）A：地图上的字你看________吗？

B：字太小，我看________。

（2）A：那个人说上海话，你听________吗？

B：我听________。

（3）A：老师说普通话，你听________吗？

B：我听________。

（4）A：这么多生词你记________吗？

B：不太多，我记________。

（5）A：这本小说你买________吗？

B：这本小说书店里没有，现在买________。

（6）A：这些衣服，你一天洗________吗？

B：我用洗衣机，洗________。

（7）A：这个照相机你一个星期修________吗？

B：没问题，修________。

（8）A：这首诗的意思你看________吗？

B：这首诗里没有生词，我看________。

（9）A：老师用汉语讲语法，你听________吗？

B：他讲得很慢，也很清楚，我听________。

（10）A：今天的练习你两个小时做________吗？

B：这些练习不太难，我做________。

（三）把下列句子改成正反问句

（1）地图上的字你看得清楚吗？

（2）那个人说上海话你听得懂吗？

（3）老师说普通话你听得懂吗？

（4）这么多生词你记得住吗？

（5）这本小说你买得到吗？

（6）这些衣服你一个钟头洗得完吗？

（7）这个照相机你一个星期修得好吗？

（8）这首诗的意思你看得懂吗？

（9）老师用汉语讲语法你听得懂吗？

（10）今天的练习你两个小时做得完吗？

（四）阅读

我们听懂了

吃完午饭，我在食堂门口看到一个新的通知。大内上子因为忘了戴眼镜，看不清楚通知上的字，所以她请我告诉她通知的内容。我说：“明天晚上学院组织我们去人民剧场看京剧，六点一刻在教三楼前边上车。”她问我是什么京剧，我说：“四个字有两个不认识，看不懂。”

这时候一个中国同学告诉我们，这个京剧是《Zàosì Gū'ér》（赵氏孤儿）。“赵”字我们学过，他的发音跟我们学的不一样。另一个中国同学说：“不是‘Zàosì Gū'ér’，是‘Zhàoshì Gū'ér’。”我说：“‘氏’和‘孤’是什么意思？”他告诉我们，“氏”的意思是“姓”，“赵氏”就是“姓赵的”；“孤儿”是一个词，意思是没有父母的孩子。这个京剧讲的是古代一个姓赵的孤儿的故事。

这个同学说得很慢，也很清楚，我们都听懂了。

1. 选择正确答案

（1）这个课文中一共有几个人？

A. 两个　　B. 三个　　C. 四个　　D. 五个

（2）大内为什么看不清楚通知上的字？

A. 新的通知　　B. 忘了戴眼镜

C. 有两个字不认识　　D. 不知道意思

（3）“我”哪两个字不认识？

A.“赵”和“氏”　　B.“赵”和“孤”

C.“赵”和“儿”　　D.“氏”和“孤”

（4）“我”听得懂第二个中国同学的介绍吗？

A. 听不懂，因为他的发音不正确。

B. 听得懂，因为他说得很慢，也很清楚。

2. 复述短文

五 语法 Grammar

（一）比较句（1） Sentence of comparison (1)

1.“跟……一样（不一样）”的比较句

“跟……一样（不一样）”的比较句用来比较异同。例如：

When “跟……一样(不一样)” is used in a sentence of comparison, it can be used to compare the similarities or differences. E.g.:

（1）我跟他学习方法不一样。

（2）这件衣服的颜色跟那件一样。

（3）这个国家的民俗跟那个国家一样有意思。

2.“比”字句（1） “比” sentence (1)

带介词“比”的比较句用来比较程度。例如：

When the preposition “比” is used in a sentence of comparison, it can be used to compare the degree. E.g.:

（1）他的身体比我好。

（2）今天的作业并不比昨天多。

（3）这杯牛奶比那杯香得多。

（二）可能补语（1） Potential complement (1)

可能补语由谓词性成分充当，表示某种现象的出现或结果实现的可能性。这种可能补语是由结果补语转化而来的，例如：

The potential complement is composed of predicative components, which can indicate the possibility of the appearance of a certain phenomenon or the possibility of result realization. This kind of potential complement is derived from the resultative complement, e.g.:

三个星期看得完这本书吗？

其肯定与否定形式是：

The affirmative and negative forms of this kind of potential complement are as follows:

述语	得／不	动词／形容词
做	得	完
做	不	完
洗	得	干净
洗	不	干净

注意：（1）“不”前边不能再加“得”。（2）述语带可能补语时，不用于“把”字句，如不能说“我把这本书看得完”。（3）可能补语强调客观叙实，如果强调主观评价，则应使用能愿动词。

Points for attention: (1) When “不” is used in this kind of potential complement, “得” cannot be used before “不”. (2) When a predicative followed by a potential complement, a “把” sentence cannot be used, for example, “我把这本书看得完” cannot be used. (3) The potential complement emphasizes objective narration, if subjective appraisal is emphasized, modal verbs should be used.

Dì-sān kè
第三课 做买卖就得讲信誉

一 课文 Text

（一）

（中秋节前，为准备节日晚会，彼得和艾米在超市买了很多饮料和水果，他们在回来的路上看见一个卖西瓜的）

商　贩：瞧一瞧，看一看，新来的大西瓜，不甜不要钱。

彼　得：（对艾米说）咱们再买两个西瓜吧。

艾　米：你看，这么多东西，都拿不了了。再说，买得太多，也吃不了哇。

彼　得：我还怕不够呢。买两个小的吧！

艾　米：我的车上已经挂满了。再放西瓜，我就骑不了了。

彼　得：不要紧，放在车上，推着走。（问商贩）这瓜甜吗？

商　贩：甜，当然甜！不甜不要钱。

艾　米：小的有大的那么甜吗？

商　贩：小的、大的都甜，做买卖就得讲信誉。你们外国人来中国就是客人，我能让客人吃生瓜吗？

彼　得：您真会说话！

（二）

你在商场或者超市买东西，要把小票保存好。如果东西有质量问题，可以拿着小票在规定的时间内更换或者退货。

中秋节那天，山本和大内在一家超市买了一盒月饼，出了店门，他们发现包装上只有保质期，没有生产日期，而且盒子有些破旧。他们拿着小票回去退货，售货员很客气，可是她不能决定。她去问老板。老板看了看盒子，说：“他们说得有道理，既然质量有问题，一律退货。”

如果你在农贸市场买东西，可以讨价还价，东西也便宜得多；如果质量不合格，可以更换，但是退货可能会比较麻烦，所以你买东西时要保存好小票。

二 生词 New words

1. 买卖	（名）	mǎimai	business, transaction
2. 信誉	（名）	xìnyù	reputation, credit
3. 路上	（名）	lùshang	on the way
4. 商贩	（名）	shāngfàn	small retailer, pedlar
5. 再说	（连）	zàishuō	what's more, besides
6. 瓜	（名）	guā	melon
7. 保存	（动）	bǎocún	to preserve, to keep
8. 如果	（连）	rúguǒ	if
如	（连）	rú	if
9. 更换	（动）	gēnghuàn	to change, to alter, to replace
10. 退	（动）	tuì	to return, to give back
11. 月饼	（名）	yuèbing	moon cake
12. 店	（名）	diàn	shop, store
13. 保质期	（名）	bǎozhìqī	quality guarantee period
14. 日期	（名）	rìqī	date

15. 盒子	（名）	hézi	box
16. 破旧	（形）	pòjiù	old and shabby, worn-out, dilapidated
破	（形、动）	pò	broken, worn-out; to be torn or damaged
17. 道理	（名）	dàolǐ	reason, truth
18. 既然	（连）	jìrán	since, now that
19. 一律	（副）	yílǜ	without exception
20. 农贸市场		nóngmào shìchǎng	free market of agricultural products
21. 合格	（形）	hégé	up to standard, qualified
22. 所以	（连）	suǒyǐ	so, as a result, therefore

补充词汇 Supplementary words

1. 安静	（形）	ānjìng	quiet
2. 精彩	（形）	jīngcǎi	wonderful, splendid
3. 合理	（形）	hélǐ	reasonable, rational
4. 只好	（副）	zhǐhǎo	have to
5. 领导	（名）	lǐngdǎo	leader
6. 筐	（名）	kuāng	basket
7. 装	（动）	zhuāng	to hold
8. 香蕉	（名）	xiāngjiāo	banana
9. 橘子	（名）	júzi	tangerine
10. 瘦	（形）	shòu	thin
11. 厚	（形）	hòu	thick
12. 饱	（形）	bǎo	full
13. 停	（动）	tíng	to stop
14. 打招呼		dǎ zhāohu	to say hello, to greet (sb.)
招呼	（动）	zhāohu	to greet
15. 看不起	（动）	kànbuqǐ	to look down upon, to disdain
16. 杂技	（名）	zájì	acrobatics
17. 羊	（名）	yáng	sheep
18. 力气	（名）	lìqi	physical strength, effort
19. 问好	（动）	wènhǎo	to extend greetings to, to send one's regards to

专名 Proper nouns

1. 中秋节	Zhōngqiūjié	Mid-Autumn Festival
2. 北京大学	Běijīng Dàxué	Peking University
3. 哈尔滨	Hā'ěrbīn	name of a city
4. 武汉	Wǔhàn	name of a city
5. 黄河	Huáng Hé	the Yellow River

二 课堂练习 Exercises

（一）语音

1. 辨音辨调

xìnyù	信誉	dàolì	倒立	āijìn	挨近
xìngyùn	幸运	dàolǐ	道理	ānjìng	安静
jīngcǎi	精彩	hélǐ	合理	lǐmào	礼貌
jiǎncǎi	剪彩	hélì	合力	lǐmiàn	里面
zhǐhǎo	只好	xiāngjiāo	香蕉		
zhìhǎo	治好	xiàngjiāo	橡胶		

2. 三音节声调

吃得了 吃不了	装得了 装不了	拿得了 拿不了	来得了 来不了
喝得了 喝不了	穿得了 穿不了	提得了 提不了	骑得了 骑不了
用得了 用不了	到得了 到不了	运得了 运不了	去得了 去不了

3. 语调

（1）我能让客人吃生瓜吗？

（2）我能让客人饿肚子吗？

（3）我能让客人住没打扫干净的房间吗？

（4）我能让客人不高兴吗？

（5）我能让客人不满意吗？

（6）我能让客人不放心吗？

（7）既然食品不合格，为什么不能退？

（8）既然质量不合格，为什么不能退？

（9）既然质量有问题，为什么不能退？

（10）既然没有保质期，为什么不能退？

（11）既然包装破了，为什么不能退？

（12）既然没有生产日期，为什么不能退？

（二）词语

从本课生词表中选择合适的词语填空

（1）买点心的时候，要看看包装上有没有生产________。

（2）小姐，你们公司的________在吗？

（3）这些产品的质量不________。

（4）做买卖应该讲________。

（5）我的筐已经装满了，再放________，我就提不了了。

（6）这儿人太多了，不太________，咱们去教室辅导吧。

（7）昨天晚上的足球比赛非常________。

（8）这件衣服太________了，我穿不合适。

（9）这本词典比那本________。

（10）去超市买东西要把小票________好。

（11）我吃得太________了，不能再吃了。

（12）你最近比以前________了，是不是病了？

(13) 本校学生________参加考试。

(14) 把钱包________在口袋里，别丢了。

(15) 这里不能________车。

(16) 雨________了，咱们走吧。

(17) 我的衣服________了，该买新的了。

(18) 做什么________挣钱多？我想自己做个小________，不知道做什么好。

(19) 那个人跟你________呢，你听见了吗？

(20) 不少同学________小周，说他有点儿傻。

（三）句型

替换

(1) A：小的西瓜有大的那么甜吗？

B：小的跟大的一样甜。

你弟弟	你哥哥	高
你们学校	北京大学	大
这儿冬天	哈尔滨	冷
这儿的夏天	武汉	热
这条河	黄河	长
这条裤子	那条	肥
你翻译的书	他的词典	厚
这种茶	乌龙茶	好喝
这次考试	上次	容易

(2) A：他有你高吗？

B：他没有我高。

你（我）	我（你）	重
他	你（我）	瘦
你（我）	她	胖
他	你（我）	努力

我（你）	她	大
这儿	那儿	凉快
那儿	这儿	暖和
小王	小杨	热情
宿舍	教室	安静
歌舞	杂技	精彩

（3）A：他<u>跑</u>得有你<u>快</u>吗？

B：他<u>跑</u>得没有我<u>快</u>。

跳	高
游	远
说	流利
写	整齐
搬	多
擦	干净
开始	早
提高	快
表演	精彩

（4）买得太多，也<u>吃</u>不了哇。

喝

用

穿

拿

装

运

提

拉

（5）雨太大，<u>走</u>不了了。

来

去

到

骑

逛

参观

比赛

表演

（四）会话

1. 你在商店买东西，询问商品价格、质量等，注意使用“……有……吗？”。

2. 你买了东西，但发现质量不好或者不满意，找售货员要求退货。

（五）课堂讨论

1. 在你们国家买东西能不能退换？哪些能退换，哪些不能退换？

2. 你买东西的时候有没有遇到过商店不讲信誉的情况？

四 家庭作业 Homework

（一）用下列生词至少组成两个短语

（1）保存：________ ________　　（2）精彩：________ ________

（3）安静：________ ________　　（4）合理：________ ________

（5）领导：________ ________　　（6）合格：________ ________

（7）问好：________ ________　　（8）道理：________ ________

（二）阅读

马和羊的故事

马和羊常常在一起吃草。羊每次遇见马都热情地跟它打招呼。可是马觉得羊没有自己高，力气没有自己大，跑得也没有自己快，很看不起它。羊向它问好的时候，它总是眼睛看着天，从来不回答。

山下的草吃完了。有一天，它们到山上去吃草。山很高，没有路。羊很快就爬上去了，马爬了半天也爬不上去，只好看着羊在山上吃草。羊吃饱以后，发现马还在山下，没有上来，就说："马大哥，快上来吧！这儿的草又多又好吃。"这时候，马知道自己错了。羊虽然比自己矮，力气比自己小，但是有的事情它做得了，自己做不了。

从那以后，马遇见羊也热情地打招呼了。

1. 判别正误

（1）羊总是热情地跟马打招呼。（　　）

（2）马觉得自己的力气没有羊大。（　　）

（3）羊跑得比马快。（　　）

（4）马看不起羊，只因为羊力气没有自己大。（　　）

（5）羊爬山比马爬得快。（　　）

（6）山上有很多好吃的草。（　　）

（7）马吃饱了以后知道自己错了。（　　）

（8）这个故事告诉我们，有的事情羊能做，马做不了。（　　）

2. 把课文中的"它"和"自己"挑出来，并分别说明它们所代表的意思

3. 复述短文

五 语法 Grammar

（一）比较句（2）　Sentence of comparison (2)

由"A（没）有B（这么／那么）+ 形容词"构成的比较句，用来比较程度。例如：

A sentence of comparison is composed of "A (没) 有 B(这么/那么) + 形容词", which is used to compare the degree. E.g.:

（1）小的西瓜有大的那么甜吗？

（2）他没有我高。

注意：（1）动词“有”表示“达到”的意思。（2）具有消极意义的形容词一般不能用在这种比较句中，如“慢”“小”“少”“短”等。

Points for attention: (1) The verb “有” in this kind of sentence of comparison means “reach”. (2) Negative adjectives such as “慢” “小” “少” “短” and so on cannot be used in this kind of sentence of comparison.

（二）可能补语（2） Potential complement (2)

“得／不＋了（liǎo）”可充当可能补语。这种可能补语有两种意思：一种表示是否有能力或条件实现动作的结果，另一种表示是否有能力或条件实现某个动作。例如：

“得/不+了 (liǎo)” can be used as a potential complement. This kind of potential complement has two meanings: one indicates whether there are capabilities or conditions to achieve the result of the action, another indicates whether there are capabilities or conditions to realize a certain action. E.g.:

（1）一盒月饼不多，我们吃得了。

（2）买得太多，也吃不了哇！

（3）雨太大，走不了了。

Dì-sì kè
第四课　中秋节

一 课文 Text

（一）

农历八月十五是中秋节。

方老师跟我们说过，中国是一个多民族的国家，民族传统节日很多，主要节日有春节、元宵节、清明节、端午节、中秋节、火把节等。为什么叫中秋节呢？按照中国的农历，七、八、九三个月是秋季，八月十五在中间，所以叫“中秋节”。中秋节的夜晚，月亮又大又圆，中国人把月圆看作团圆的象征。因此，中秋节又叫作“团圆节”。

（二）

今年中秋节的夜晚，天气晴朗，一轮明月挂在天上，银白色的月光洒满了大地。在图书馆旁边的草坪上，几位中国老师和十几个外国学生坐在一起，一边吃着月饼、水果，一边喝着啤酒。他们在明亮的月光下又说又笑，又唱又跳，开心极了！

方老师说：“关于月亮有许多美丽的传说，你们谁能给大家讲一个？”艾米说：“我读过《中国民俗研究》这本书，知道一些传说，可我说不出来，还是请上子说吧，她的口语好。”大内说：“这方面的书我

读得不如艾米多。我看，还是请老师讲吧。”

方老师给同学们讲了嫦娥奔月的传说。大家听了，都觉得很有意思，只有金汉成一直呆呆地望着天上。大内问他：“你在想什么呢？”

“听说嫦娥是个美丽的姑娘，她一个人住在那儿，一定很寂寞吧。”

“你想上去陪陪她，对吧？可你上得去吗？”

“坐飞船上去没问题，可就怕一时下不来了。”

“为什么？”

“我想请嫦娥小姐当我的老师，辅导我古代汉语。”

二 生词 New words

1. 农历	（名）	nónglì	the lunar calendar
2. 民族	（名）	mínzú	nationality
3. 传统	（形）	chuántǒng	traditional
4. 主要	（形）	zhǔyào	main
5. 元宵	（名）	yuánxiāo	glutinous rice ball for Lantern Festival
6. 等	（助）	děng	and so on
7. 夜晚	（名）	yèwǎn	night
8. 月亮	（名）	yuèliang	moon
9. 圆	（形）	yuán	round
10. 看作	（动）	kànzuò	to look upon as, to regard as
11. 团圆	（动）	tuányuán	to reunite, to have a reunion
12. 象征	（名）	xiàngzhēng	symbol
13. 晴朗	（形）	qínglǎng	fine and cloudless
14. 轮	（量）	lún	(a measure word for the sun, the moon, etc.)
15. 银白	（形）	yínbái	silvery white

16. 月光	（名）	yuèguāng	moonlight, moonbeam
光	（名）	guāng	light
17. 洒	（动）	sǎ	to sprinkle
18. 草坪	（名）	cǎopíng	lawn
19. 明亮	（形）	míngliàng	bright
亮	（形）	liàng	bright
20. 开心	（形）	kāixīn	joyful, cheerful, delighted
21. 美丽	（形）	měilì	beautiful
22. 传说	（名）	chuánshuō	legend
23. 不如	（动）	bùrú	inferior to
24. 奔	（动）	bēn	to rush
25. 呆	（形）	dāi	wooden, dull, dazed
26. 望	（动）	wàng	to look far into the distance, to gaze into the distance
27. 飞船	（名）	fēichuán	spaceship, airship
28. 一时	（副）	yìshí	for a short while, temporary, momentary

补充词汇 Supplementary words

1. 耐心	（形、名）	nàixīn	patient; patience
2. 爱情	（名）	àiqíng	love
3. 龙	（名）	lóng	dragon
4. 星星	（名）	xīngxing	star
5. 云彩	（名）	yúncai	cloud
6. 太阳	（名）	tàiyáng	sun
7. 升	（动）	shēng	to rise
8. 那样	（代）	nàyàng	such, so
9. 及时	（副）	jíshí	promptly, in time
10. 等待	（动）	děngdài	to wait
11. 民歌	（名）	míngē	folk song
12. 天空	（名）	tiānkōng	sky
13. 海棠	（名）	hǎitáng	Chinese flowering crabapple

专名 Proper nouns

1. 春节	Chūnjié	the Spring Festival, the Chinese New Year

2. 元宵节	Yuánxiāojié	the Lantern Festival
3. 清明节	Qīngmíngjié	the Qingming Festival
4. 端午节	Duānwǔjié	the Dragon Boat Festival
5. 火把节	Huǒbǎjié	the Torch Festival
6. 嫦娥	Cháng'é	The Lady in the Moon (a prominent figure in Chinese mythology)
7. 嫦娥奔月	Cháng'é bēn yuè	Chang'e flew to the Moon
8. 圣诞节	Shèngdànjié	Christmas Day

二 课堂练习 Exercises

（一）语音

1. 辨音辨调

mínzú	民族	chuántǒng	传统	zhòngyào	重要
míngcí	名词	chuàntōng	串通	zhǔyào	主要
mèilì	魅力	tiánkòng	填空	nàixīn	耐心
měilì	美丽	tiānkōng	天空	nèixīn	内心
Chūnjié	春节	chuánbō	传播	yìshí	一时
chúnjié	纯洁	chuánshuō	传说	yīshí	衣食

2. 三音节声调

上得去 / 上不去	下得去 / 下不去	进得去 / 进不去
上得来 / 上不来	下得来 / 下不来	进得来 / 进不来

出得去 出不去	回得去 回不去	过得去 过不去
出得来 出不来	回得来 回不来	起得来 起不来

3. 语调

（1）他们在月光下又说又笑，又唱又跳，开心极了！

（2）他们在公园里又说又笑，又唱又跳，开心极了！

（3）他们在操场上又说又笑，又唱又跳，开心极了！

（4）他们在院子里又说又笑，又唱又跳，开心极了！

（5）你想上去陪陪她，对吧？可你上得去吗？

（6）你想上去看看她，对吧？可你上得去吗？

（7）你想上去见见她，对吧？可你上得去吗？

（8）你想上去问问她，对吧？可你上得去吗？

（二）词语

从本课生词表中选择合适的词语填空

（1）中秋节是中国人的________节日之一。

（2）春节也是全家________的节日。

（3）今天艾米收到三封信，她________极了！

（4）年轻人喜欢看________电影。

（5）他们把龙看作中国的________。

（6）天上的________数不清。

（7）今天天气真好，天上一点儿________也没有。

（8）你们年轻人就像早上八九点钟的________。

（9）你叫什么名字？我________想不起来了。

（10）你看，月亮从东边________起来了。

(11) 老师对学生应该________，不要批评他们。

(12) 坐________可以到月亮上去。

(13) 他已经80多岁了，身体一年________一年了。

(14) 你不能________做！

(15) 这是一个________，可能不是真的。

(16) 下课以后，要是不________复习，学过的东西很快就忘了。

(17) 学生的________任务（rènwu，task）是学习。

（二）句型

替换

(1) 他的身体不如我好。

脸色	好
个子	高
朋友	多
爱好	多
信誉	高
方法	好
观念	新
衣服	干净
态度	积极

(2) 走路不如骑车快。

骑车	坐公共汽车	快
坐公共汽车	坐地铁	快
坐汽车	坐火车	快
坐火车	坐飞机	快
坐飞机	坐飞船	快
海运	空运	快
站着	坐着	舒服

坐着	躺着	舒服
看小说	看电影	有意思
用钢笔	用圆珠笔	方便

（3）A：你上得去吗？

B：我上得去。

（我上不去。）

上	来
下	来
下	去
出	去
出	来
进	去
进	来
回	去
回	来
起	来
过	来

（4）A：你爬得上去吗？

B：我爬得上去。

（我爬不上去。）

拉	上来
跳	下去
拿	下来
运	进去
骑	进来
卖	出去
借	出来
搬	回去

买　　　　　　回来

举　　　　　　起来

（四）课堂讨论

1. 你们国家有没有跟月亮有关的传说？请给大家讲一讲。

2. 看图说话：《新年晚会》。

四 家庭作业 Homework

（一）用下列生词至少组成两个短语

（1）民族：________ ________　　（2）传统：________ ________

（3）那样：________ ________　　（4）美丽：________ ________

（5）传说：________ ________　　（6）等待：________ ________

（7）主要：________ ________　　（8）开心：________ ________

（9）明亮：________ ________　　（10）及时：________ ________

（二）用“不如”改写句子，句子的意思不变

（1）小高比小周聪明。

（2）这棵树比那棵树高。

（3）她长得比她姐姐白。

（4）他长得比他弟弟精神。

(5) 大内的汉语比艾米说得流利。

(6) 王才打字比方云天打得快。

(7) 方云天踢足球比王才踢得好。

(8) 山本看书看得比贝拉快。

(9) 小的西瓜没有大的那么甜。

(10) 上次考试没有这次这么好。

(11) 她的裙子没有你的这么漂亮。

(12) 这块草坪没有那块那么大。

(13) 这个房间比那个房间亮。

(14) 我们的教室比他们的教室大。

(15) 他比我起得早。

(16) 我跑得比他快。

(17) 我们学的生词比他们多。

(18) 你比你弟弟高。

(三) 阅读

节日晚会

中秋节的晚上，速成学院的领导、老师和同学们一起开了个节日晚会。王欢、丁兰、方云天、王才等人也参加了晚会。

他们一边吃着月饼、水果，一边说笑，还表演了很多节目。彼得用汉语讲了一个关于圣诞节的传说，金汉成唱了一个韩国的爱情歌曲，方云天和贝拉跳的探戈（tànɡē，tango）很受大家欢迎。方老师给同学们讲了嫦娥奔月的故事。最后，山本和艾米唱了一个中国民歌《敖包（áobāo，a pile of stones, earth or grass used by Mongolians as a road sign or a boundary sign）相会》，歌词是这样的：

男：十五的月亮
　　升上了天空哟，
　　为什么旁边没有云彩？

我等待着美丽的姑娘哟，

你为什么还不到来哟嗬？

女：如果没有天上的雨水哟，

海棠花儿不会自己开。

只要哥哥你耐心地等待哟，

你心上的人儿就会跑过来哟嗬。

这是晚会上最精彩的节目。

1. 判别正误

（1）中秋节的晚上，汉语学院的老师和同学们一起开了个中秋晚会。（　）

（2）参加晚会的还有一些中国同学。（　）

（3）晚会上同学们都表演了汉语节目。（　）

（4）彼得讲了一个关于美国的传说。（　）

（5）金汉成唱了一个韩国歌。（　）

（6）方云天和大内跳的探戈很受大家欢迎。（　）

（7）方老师讲了个嫦娥奔月的故事。（　）

（8）山本和艾米唱了一个中国民歌《敖包相会》。（　）

（9）《敖包相会》是一首爱情歌曲。（　）

（10）山本和艾米的节目是晚会上最精彩的节目。（　）

2. 复述短文

3. 学唱《敖包相会》

（四）写作

请介绍你们国家的一个传统节日。

五 语法 Grammar

（一）比较句（3） Sentence of comparison (3)

动词“不如”可构成比较句。这种比较句也用于比较程度。例如：

The verb “不如” can form a sentence of comparison. This kind of sentence of comparison is also used to compare the degree. E.g.:

（1）他的身体不如我好。

（2）走路不如骑车快。

注意：这种比较句没有肯定形式。如果想用肯定形式，要改用“比”字句。例如：

Point for attention: This kind of sentence of comparison has no affirmative form. A “比” sentence should be used for the affirmative form. E.g.:

（1）我的身体比他好。

（2）骑车比走路快。

（二）可能补语（3） Potential complement (3)

在动词和趋向补语之间插入“得／不”可以构成可能补语。例如：

“得/不” between a verb and a directional complement can form a potential complement. E.g.:

述语	得／不	趋向动词
借	得	来
借	不	来
上	得	去
上	不	去
搬	得	进
搬	不	进
运	得	进来
运	不	进来

注意：由“得／不＋简单趋向动词”构成的可能补语带宾语时，宾语要用于可能补语后，如“我借得来这本书”；由“得／不＋复合趋向动词”构成的

可能补语带宾语时，宾语一般用于“来／去”前，如“这几天我牙疼，吃不下饭去。”

Point for attention: When a potential complement composed by “得/不 + a simple directional verb” is followed by an object, the object is placed after the potential complement, such as “我借得来这本书”; when the potential complement composed by “得/不 + a compound directional verb” is followed by an object, the object is usually placed before “来” or “去”.

六 注释 Notes

嫦娥奔月　Chang’e flew to the Moon

中国古代神话。传说远古时天上有十个太阳，老百姓无法生活，一个名叫羿（Yì）的英雄（yīngxióng，hero）用箭（jiàn，arrow）射（shè，to shoot）下来九个，王母娘娘便（biàn，soon afterwards, then）奖（jiǎng，to reward）给他“长生不老药”。没想到，药被他的妻子嫦娥偷吃了。吃过药后，嫦娥就飞向天空，在月亮上的“广寒宫”（Guǎnghán Gōng，the Moon Palace）里住下来。在月宫里陪伴嫦娥的还有一只兔子。那只兔子在一棵桂树（guìshù，bay tree）下给嫦娥捣（dǎo，to pound）药。

It is an ancient Chinese mythology. It is said that there were ten suns in the sky in the remote antiquity, which made the earth too hot to be lived in. A hero named Yi shot down nine of them with arrows and was rewarded by the Goddess Wangmu with elixirs. But his wife, Chang’e, stole the elixirs and took them. After taking the elixirs, Chang’e flew to the sky and lived in the Moon Palace. Only a rabbit kept her company. The rabbit was pounding medicine for her under a bay tree.

Dì-wǔ kè
第五课 我登上了八达岭长城
——艾米的一篇日记

一 课文 Text

5月20日　　星期一　　天气晴

几年来的梦想终于实现了！今天，我登上了长城。

汽车刚刚停下来，我就第一个下了车。接着，又第一个登上了长城的台阶。而第一个到达长城最高处的，还是我！

站在瞭望台上，远远望去，长城好像一条正在腾飞的长龙，弯弯曲曲，看不见尽头。长城两边，近处是红花绿树，远处是青山绿水，真像一幅美丽的山水画，而我就是画中人！

我心中的惊叹号和问号实在太多了，只好问站在旁边的王欢老师："长城真有一万里长吗？"

"长城东起虎山，西到嘉峪关，穿越中国十五个省级行政区，全长两万一千多公里。"

"听说长城是秦朝开始修建的，对吗？"

"不完全对。早在秦朝以前，中国人就开始修建长城了。秦始皇统一中国以后，用了三十万人，九年时间，才把一段一段的长城连接起来。我们现在看到的长城一般都是五六百年前明代重新修建的。”

“当时人们怎么能把这么大的砖石运到山上呢？”

“没别的，就用人的双手和双肩。”

我实在不敢相信这是真的，但是又不能不相信。两千多年前中国人创造出的伟大奇迹，今天已成为人类共同的文化遗产。我站在长城上，抚摸着那一块块砖石，心中想得很多，也想得很远。

我在长城上照了很多相，我要把这些照片寄给爸爸妈妈，告诉他们，他们的女儿——艾米·怀特，今天终于登上了世界上最伟大的奇迹之一——中国的万里长城！

二 生词 New words

1. 登	（动）	dēng	to climb
2. 日记	（名）	rìjì	diary
3. 来	（名）	lái	(used after a time expression, indicating a period of time that extends from the past up to the present)
4. 梦想	（名）	mèngxiǎng	dream
5. 终于	（副）	zhōngyú	finally, eventually, at last
6. 接着	（副）	jiēzhe	afterwards, then
7. 台阶	（名）	táijiē	steps
8. 而	（连）	ér	but, while
9. 到达	（动）	dàodá	to reach, to arrive
10. 处	（名）	chù	place, point
11. 瞭望台	（名）	liàowàngtái	observation tower, lookout tower
12. 腾飞	（动）	téngfēi	to fly swiftly upward, to rise rapidly
13. 弯曲	（形）	wānqū	winding, zigzag
14. 尽头	（名）	jìntóu	end
15. 绿	（形）	lǜ	green
16. 惊叹号	（名）	jīngtànhào	exclamation mark

17. 问号	（名）	wènhào	question mark
18. 关	（名）	guān	(mountain) pass
19. 穿越	（动）	chuānyuè	to pass through, to cut across
20. 省	（名）	shěng	province
21. 级	（名）	jí	level, rank, grade
22. 行政区	（名）	xíngzhèngqū	administrative region
23. 修建	（动）	xiūjiàn	to build, to construct
24. 统一	（动）	tǒngyī	to unify, to unite
25. 段	（量）	duàn	section, part
26. 连接	（动）	liánjiē	to link, to connect
27. 砖	（名）	zhuān	brick
28. 石（头）	（名）	shí(tou)	stone, rock
29. 肩	（名）	jiān	shoulder
30. 创造	（动）	chuàngzào	to create, to bring out
31. 伟大	（形）	wěidà	great
32. 奇迹	（名）	qíjì	miracle, marvel
33. 成为	（动）	chéngwéi	to become, to turn into
34. 人类	（名）	rénlèi	mankind, humanity
35. 遗产	（名）	yíchǎn	legacy, inheritance, heritage
36. 抚摸	（动）	fǔmō	to touch, to stroke

补充词汇 Supplementary words

1. 后代	（名）	hòudài	later generations, descendants
2. 理想	（名）	lǐxiǎng	ideal
3. 宇航员	（名）	yǔhángyuán	astronaut
4. 确实	（副）	quèshí	really, indeed
5. 围绕	（动）	wéirào	to revolve round
围	（动）	wéi	to surround, to enclose
绕	（动）	rào	to move round
6. 地球	（名）	dìqiú	the earth, the globe
7. 真正	（形）	zhēnzhèng	real, true
8. 图片	（名）	túpiàn	picture, photograph

9. 被	（介）	bèi	by (used in a passive sentence to introduce either the actor or the action if the actor is not mentioned); (used to form a set phrase with a passive meaning)
10. 非	（动）	fēi	be not
11. 好汉	（名）	hǎohàn	brave man, true man, hero
12. 说法	（名）	shuōfǎ	statement, way of saying a thing
13. 时期	（名）	shíqī	period
14. 道	（量）	dào	(a measure word for doors, walls, etc.)
15. 周	（量）	zhōu	(a measure word) circumference

专名 Proper nouns

1. 八达岭	Bādá Lǐng	Badaling Hill
2. 虎山	Hǔ Shān	Tiger Mountain
3. 嘉峪关	Jiāyù Guān	the Jiayu Pass
4. 秦朝	Qíncháo	Qin Dynasty
5. 秦始皇	Qín Shǐhuáng	First Emperor of Qin
6. 明代	Míngdài	Ming Dynasty
7. 天安门	Tiān'ān Mén	Tian An Men (the Gate of Heavenly Peace)
8. 春秋	Chūnqiū	the Spring and Autumn Period (770–476 B.C.)

三 课堂练习 Exercises

（一）语音

1. 辨音辨调

zhōngyú	终于	dàodá	到达	wāiqū	歪曲
zhōngyǔ	中雨	bàodá	报答	wānqū	弯曲
jìngtóu	镜头	wènhǎo	问好	xiūjiàn	修建
jìntóu	尽头	wènhào	问号	xiūjià	休假

tǒngyī	统一	liánjié	廉洁	fǔmō	抚摸
tóngyì	同意	liánjiē	连接	fùmó	腹膜
chuàngzào	创造	qíjì	奇迹	hòudài	后代
chuángzhào	床罩	jīqì	机器	hòutái	后台

2. 三音节声调

shuāngguānyǔ	双关语	Lǎowōyǔ	老挝语
Fēnlányǔ	芬兰语	kǒutóuyǔ	口头语
biāozhǔnyǔ	标准语	Měnggǔyǔ	蒙古语
shūmiànyǔ	书面语	shǒushìyǔ	手势语
Nuówēiyǔ	挪威语	Bùdānyǔ	不丹语
Hánguóyǔ	韩国语	wàiguóyǔ	外国语
Cháoxiǎnyǔ	朝鲜语	Rìběnyǔ	日本语
hángyèyǔ	行业语	Shìjièyǔ	世界语

3. 语调

（1）几年来的梦想终于实现了！

（2）几年来的愿望终于实现了！

（3）几年来的希望终于实现了！

（4）多年来的理想终于实现了！

（5）今天，我登上了长城。

（6）今天，我来到了北京。

（7）今天，我登上了讲台。

（8）今天，我登上了主席台。

（9）今天，我登上了天安门城楼（chénglóu，gate tower）。

（二）词语

从本课生词表中选择合适的词语填空

（1）多年来艾米每天晚上写________。

（2）到中国留学是我多年来的________。

（3）我的________是当一个汉学家。

（4）美国________登上了月球。

（5）如果坐上午九点从北京出发的高铁，下午三点就可以________西安。

（6）站在长城的________上向远处望去，青山________水，漂亮极了！

（7）秦始皇________中国，为社会的进步做出了贡献。

（8）“长城”翻译成英文是“________的墙”。

（9）我们学校旁边正在________地铁。

（10）人民________了历史和文化。

（11）他汉语说得________很好。

（12）月亮围绕________转。

（13）我每天早上________操场跑一个小时。

（14）我先复习了课文，________就开始做练习。

（15）妈妈________着孩子的头，说：“快快长大吧！”

（16）火车________六个国家，到达了英国。

（17）请把这些词语________成句子。

（18）这条小路是用________修建的。

（19）问题的后面应该写________，不是________。

（20）有人说，长城是世界七大________之一。

（三）课堂讨论

1. 你去过长城吗？请谈谈你去长城的情况和感受（gǎnshòu，feeling）。

2. 谈谈你去一个名胜古迹参观游览的情况和感受。

（四）功能会话：听后模仿

1. 询问存在的人或物

（1）A：桌子上有什么？

B：桌子上有一本词典。

（2）A：钱包里有钱吗？

B：钱包里没有钱。

（3）A：你左边是谁？

B：我左边是大内。

（4）A：你右边是谁？

B：我右边是艾米。

（5）A：你家前边是什么？

B：我家前边是一条河。

（6）A：你家后边是什么？

B：我家后边是一个公园。

（7）A：桌子上放着什么？

B：桌子上放着两本词典。

（8）A：墙上挂着什么？

B：墙上挂着一张世界地图。

2. 询问打算

（1）A：你准备做什么工作？

B：我还没想好。

（2）A：你打算做什么工作？

B：我打算去公司当翻译。

（3）A：你想做什么工作？

B：我想当大夫。

（4）A：学习结束以后，你们打算去哪儿旅行？

B：我想去西安。

（5）A：快毕业了，你有什么打算？

B：我打算考研究生。

（6）A：你想把画儿挂在哪儿？

B：我想把画儿挂在墙上。

（7）A：你想把礼物送给谁？

B：我想把礼物送给吴小姐。

3. 询问动作

（1）A：你干什么呢？

B：我听音乐呢。

（2）A：艾米干什么呢？

B：她在练习书法。

（3）A：你去他家的时候，他干什么呢？

B：他在练习打字。

（4）A：你去宿舍找他的时候，他干什么呢？

B：他正看电视呢。

（5）A：你去他家找他的时候，他正干什么呢？

B：他还在练习书法呢。

（6）A：白老师来的时候，你正在干什么呢？

B：白老师来的时候，我正在听音乐呢。

（7）A：你做练习了吗？

B：我做练习了。

4. 询问动作发生的时间

（1）A：你什么时候进城？

B：我明天进城。

（2）A：你什么时候做作业？

B：我晚上做作业。

（3）A：信什么时候写？

B：信晚上写。

（4）A：东西什么时候寄？

B：东西明天寄。

5. 询问动作发生的方式

（1）A：你怎么去？

B：坐出租车去。

（2）A：你怎么记生词？

B：我一边念，一边造句。

（3）A：你坐飞机去吗？

B：不，我坐火车去。

（4）A：你用什么方法记汉字？

B：我一边念，一边写。

（5）A：你用筷子吃饭还是用刀叉？

B：我用筷子吃饭。

6. 询问时量

（1）A：您要住多少天？

B：20天。

（2）A：你昨天晚上写了多长时间信？

B：我昨天晚上写了一个小时信。

（3）A：你昨天晚上写信写了多长时间？

B：我昨天晚上写信写了一个小时。

（4）A：你昨天打了多长时间乒乓球？

B：我昨天打了一个半小时乒乓球。

（5）A：你昨天打乒乓球打了多长时间？

B：我昨天打乒乓球打了一个半小时。

四 家庭作业 Homework

（一）用下列生词至少组成两个短语

（1）真正：________ ________　（2）终于：________ ________

（3）到达：________ ________　（4）创造：________ ________

（5）伟大：________ ________　（6）确实：________ ________

（7）围绕：________ ________　（8）理想：________ ________

（二）阅读

长城

长城是中国古代最伟大的建筑，也是世界上最伟大的建筑之一。长城弯弯曲曲像一条长龙，人们一看到长城的图片就想起中国。因此，长城又被看作是中国的象征。到中国旅游的外国人常说："不到长城非好汉。"万里长城是他们必须游览的名胜古迹。

很多人认为，长城是秦朝开始修建的。这种说法不完全对。早在两千多年前的春秋时期，中国人就已经开始修建长城了。秦始皇统一中国以后，派了三十万人，用了差不多九年时间，才把一段一段的城墙连接起来，成了真正的万里长城。

长城在英语中一般翻译成"伟大的墙"。长城确实是世界上最长的城墙。修建长城用的砖石，要是用来修建一道厚一米、高五米的墙，可以绕地球一周还多。

1. 回答问题

（1）为什么长城被看作是中国的象征？

（2）"不到长城非好汉"是什么意思？

（3）长城是什么时候开始修建的？

（4）长城什么时候才成了真正的万里长城？

（5）长城是世界上最长的城墙吗？为什么这么说？

2. 判别正误

（1）长城是世界上最伟大的建筑。（ ）

（2）长城是世界上最伟大的建筑之一。（ ）

（3）长城是秦朝的时候就开始修建的。（ ）

（4）用修建长城的砖石修一道厚一米、高五米的墙，可以绕地球一周。（ ）

3. 朗读短文

五 语法 Grammar

动态助词"了$_1$"与语气助词"了$_2$" The aspectual particles "了$_1$" and the modal particle "了$_2$"

动态助词"了$_1$"表示动作的实现，例如："我登上了长城"。语气助词"了$_2$"表示事态的变化或动作过程的状态变化，例如："我戒烟了"。二者在语法意义上是相关又相通的，但在句法功能上不尽相同：

The aspectual particle "了$_1$" indicates the completion of an action, such as "我登上了长城". While the modal particle "了$_2$" indicates the state changes of an event or an action process, such as "我戒烟了". Both are related in grammatical meaning, but are different in syntactical function:

1. 动态助词"了$_1$"表示动作的实现时，用于宾语之前，并且需要其他成句条件，如状语和语气助词"了$_2$"等，否则句子不能成立。语气助词"了$_2$"表示事态的变化时，用于宾语之后，没有其他条件也可独立成句。例如：

When the aspectual particle "了$_1$" is used to indicate the completion of an action, it is placed before the object, other sentence formation conditions are needed, such as adverbials and the modal particle "了$_2$", etc., otherwise the sentence cannot be formed. Whereas when the modal particle "了$_2$" is used to indicate the change of state of an event, it is placed after the object, the sentence can be formed without other formation conditions. E.g.:

（1）*他吃了饭。

（2）他吃了饭就去商店。

（3）他吃了饭了。

（4）他已经吃了饭。

（5）他吃饭了。

2. 动态助词“了$_1$”可跟动词一起用作核心动作的参照时间，语气助词“了$_2$”无此种句法功能。例如：

The aspectual particle “了$_1$” with the verb can be used as a reference time for the core action of the sentence, but the modal particle “了$_2$” cannot be used this way. E.g.:

（1）他下了课以后去食堂。

（2）*他下课了以后去食堂。

3. 语气助词“了$_2$”可构成“要……了”格式，表示事态将要出现某种变化；动态助词“了$_1$”无此种句法功能。例如：

The modal particle “了$_2$” can form the construction “要……了”, which indicates a certain change of an event will occur, but the aspectual particle “了$_1$” cannot be used this way. E.g.:

（1）我爸爸就要来中国了。

（2）*我爸爸就要来了中国。

（3）他快要做完这个工作了。

（4）*他就快做完了这个工作。

4. 语气助词“了$_2$”可跟“开始／继续＋动词／动词短语”结构搭配使用，动态助词“了$_1$”无此种句法功能。例如：

The modal particle “了$_2$” can be used with the construction “开始/继续 +

动词/动词短语", but the aspectual particle "了$_1$" cannot be used this way. E.g.:

（1）他们开始比赛足球了。

*他们开始了比赛足球。

*他们开始比赛了足球。

（2）他又继续做练习了。

*他又继续了做练习。

*他又继续做了练习。

5. 语气助词"了$_2$"可跟时间副词"在"一起构成"在……了"格式，表示动作已经处于进行状态；动态助词"了$_1$"无此种句法功能。例如：

The modal particle "了$_2$" can be used with the time adverb "在" to form the construction "在……了", which indicates the progressive aspect of an action; but the aspectual particle "了$_1$" cannot be used this way. E.g.:

（1）A：他们开始搬家了吗？

B：已经在搬家了。

（2）A：他们开始搬家了吗？

B：*已经在搬了家。

六 附录 Appendix

标点符号 Punctuation Marks

标点符号	名称		示例
。	句号	jùhào	我是学生。
?	问号	wènhào	你去哪儿?
!	惊叹号	jīngtànhào	今天真冷啊!
，	逗号	dòuhào	汽车刚刚停下来，我就第一个下了车。
、	顿号	dùnhào	他会说英语、法语、德语和日语。
；	分号	fēnhào	成了，我早点儿喝你们的喜酒；不成也没关系，以后遇见合适的再给你介绍。
：	冒号	màohào	山本说："我下了课就去银行。"
" "	引号	yǐnhào	山本说："我下了课就去银行。"
（ ）	括号	kuòhào	彼得：（对艾米说）咱们再买两个西瓜吧。
——	破折号	pòzhéhào	我登上了八达岭长城——艾米的一篇日记
……	省略号	shěnglüèhào	他的女朋友聪明好学、年轻漂亮、身体健康……
．	着重号	zhuózhònghào	这个问题非常重要。
—	连接号	liánjiēhào	明代（1368年—1644年）
·	间隔号	jiàngéhào	艾米·怀特是一位美国姑娘。
《 》	书名号	shūmínghào	昨天她买了一本《中国民俗研究》。

Dì-liù kè
第六课　你的衣服扣子少了两个

一 课文 Text

艾米的爸爸怀特先生来北京参加学术会议，顺便来看艾米。周末，他坐公共汽车来到艾米的学校。一见面，怀特就兴奋地告诉艾米："北京的变化太大了！很多地方都跟80年代我在这儿的时候不一样了。"艾米很想听听那时候北京的情况，怀特说："行！那就从我和你妈妈坐公共汽车的一次经历说起吧。"

一天，我和玛丽两个人要进城买东西。我们在车站等了半个小时才来了一辆公共汽车。玛丽看见车上人太多，想再等一辆。我说："别等了，下辆车可能比这辆更挤！"

我们好不容易挤上了车，站在车中间。整个车跟沙丁鱼罐头似的，一点儿空隙都没有。我的脸上不一会儿就出汗了。

突然，车猛地停住了。全车人都叫了起来，司机的声音最大："往哪儿骑啊！不要命了！"我看见一辆自行车从前边穿了过去。

"下一站，幸福大街，没票的请买票。"是售票员的声音。

"两张和平路。"我递给售票员五毛钱。

"四毛，找您一毛。谁还买？"

"老大爷，您这儿坐，挤我没关系，您可受不了。"一位年轻人在让

座儿。

“我昨天感冒了，吃了五片药都没出汗，看来这挤车比吃药还灵。”一位老人说完，车里有人笑了起来。

“哎，别挤了！再挤就成相片儿了！”一位小伙子大声说，又是一片笑声。

公共汽车里充满了欢快的气氛。

快下车了，我们又开始往车门口挤。

终于到站了，我和玛丽好容易才下了车。

“怎么样？尝到挤车的滋味了吧！”我说。

玛丽说：“真受不了！我估计，刚才车上每平方米的人数最少要比美国多四五个。你说能不挤吗？”

“这也是一种锻炼，我今天出的汗比参加足球比赛还要多一倍。”

“所以有人开玩笑说，挤一次公共汽车可以减少百分之一的体重，是减肥的好办法。”

说到这儿，玛丽望着我，突然笑了起来。

我问：“你笑什么？”

玛丽说：“你的衣服扣子少了两个！”

二 生词 New words

1. 扣子	（名）	kòuzi	button
2. 学术	（名）	xuéshù	academy
3. 会议	（名）	huìyì	meeting, conference
4. 兴奋	（形）	xīngfèn	excited
5. 年代	（名）	niándài	a decade of a century, years

6. 经历	（名）	jīnglì	experience
7. 整个	（形）	zhěnggè	whole, entire
8. 沙丁鱼	（名）	shādīngyú	sardine
9. 罐头	（名）	guàntou	can, tin
10. 似的	（助）	shìde	(used after a noun, pronoun or verb to indicate similarity)
11. 一……也／都……		yī…yě/dōu…	(usually used in a negative sentence)
12. 空隙	（名）	kòngxì	space, gap
13. 猛	（副）	měng	suddenly, abruptly
14. 声音	（名）	shēngyīn	sound, voice
声	（名）	shēng	sound
15. 穿	（动）	chuān	to pass through, to cross
16. 递	（动）	dì	to pass, to hand over
17. 老大爷	（名）	lǎodàye	grandpa, uncle (used to address an elderly man)
18. 让座儿	（动）	ràngzuòr	to offer (or give up) one's seat to sb.
座位	（名）	zuòwèi	seat
19. 相片儿	（名）	xiàngpiānr	photo
20. 充满	（动）	chōngmǎn	to be full of, to brim with
21. 欢快	（形）	huānkuài	happy, merry, cheerful
22. 气氛	（名）	qìfēn	atmosphere
23. 滋味	（名）	zīwèi	taste, flavor
24. 估计	（动）	gūjì	to estimate, to appraise
25. 平方米	（量）	píngfāngmǐ	square metre
平方	（名、量）	píngfāng	square; square metre
26. 锻炼	（动）	duànliàn	to take exercise, to have physical training
27. 倍	（量）	bèi	times
28. 减少	（动）	jiǎnshǎo	to reduce, to decrease, to cut down
减	（动）	jiǎn	to reduce, to decrease
29. 减肥	（动）	jiǎnféi	to reduce weight, to slim

补充词汇 Supplementary words

1. 愉快	（形）	yúkuài	happy, cheerful
2. 长度	（名）	chángdù	length
3. 改善	（动）	gǎishàn	to improve
4. 生动	（形）	shēngdòng	vivid
5. 拥挤	（形）	yōngjǐ	crowded, packed, congested
6. 面积	（名）	miànjī	area
7. 礼堂	（名）	lǐtáng	assembly hall, auditorium
8. 放假	（动）	fàngjià	to have a holiday or vacation, to have a day off
9. 立交桥	（名）	lìjiāoqiáo	overpass, flyover
10. 据	（介）	jù	according to
11. 统计	（动）	tǒngjì	to add up, to count
12. 道路	（名）	dàolù	road, way, path
13. 代替	（动）	dàitì	to replace, to substitute
14. 开学	（动）	kāixué	school opens, term begins
15. 硕士	（名）	shuòshì	a master's degree
16. 博士	（名）	bóshì	doctor
17. 老实	（形）	lǎoshi	honest, well-behaved
18. 适合	（动）	shìhé	to fit, to suit
19. 发达	（形）	fādá	developed
20. 线	（名）	xiàn	route, line
21. 人口	（名）	rénkǒu	population
22. 首先	（副）	shǒuxiān	firstly, in the first place
23. 报站	（动）	bàozhàn	to call out stops
24. 提前	（动）	tíqián	to do sth. in advance, ahead of time
25. 状况	（名）	zhuàngkuàng	condition

二 课堂练习 Exercises

（一）语音

1. 辨音辨调

zīwèi	滋味	chēzhàn	车站	kòngxì	空隙
zìwèi	自卫	chéngzhèn	城镇	kōngqì	空气
shēngyi	生意	fēngmǎn	丰满	kōngnàn	空难
shēngyīn	声音	chōngmǎn	充满	kùnnan	困难
diànhuà	电话	gūjì	估计	píngfāng	平方
biànhuà	变化	kūqì	哭泣	píngfēn	平分
yúkuài	愉快	chéngdù	程度	qìfēn	气氛
yíkuài	一块	chángdù	长度	qūfēn	区分

2. 四音节声调

声音很高	充满希望	改善条件	特别生动
声音很甜	充满欢乐	改善环境	内容生动
声音很小	充满信心	改善生活	语言生动
声音很大	充满幸福	改善关系	故事生动

3. 语调

（1）怎么样？尝到挤车的滋味了吧！

（2）怎么样？尝到等人的滋味了吧！

（3）怎么样？尝到受骗的滋味了吧！

（4）怎么样？尝到感冒的滋味了吧！

（5）他们好不容易挤上了车。

（6）他们好不容易买到了票。

（7）他们好不容易办完了事。

（8）他们好不容易回到了学校。

（二）词语

从本课生词表中选择合适的词语填空

（1）你尝过受骗的________吗？

（2）路上车多、人多，交通非常________，骑自行车千万要小心。

（3）我每天下午________身体。

（4）师傅，哪儿卖衣服________？

（5）你吃过沙丁鱼________吗？

（6）这个房间的________有40________米。

（7）这位________都80多岁了，他每天来这里________身体。

（8）今天晚上________有电影。

（9）晚会充满了友好的________。

（10）________以后，我打算去欧洲旅行。

（11）你________他们会同意吗？

（12）学校为________学生的生活条件做了很大努力。

（13）请把课本________给我。

（14）祝你们旅行________。

（15）公共汽车上很挤，一点儿________也没有。

（16）吃了减肥药以后，他的体重________了百分之五。

（17）你听，这是什么________？

（18）那个孩子________地喊了一声。

（19）这座________修建好以后，这里的交通会得到改善。

（20）据统计，这条________上有10个立交桥。

（21）挤车可以________吃药，治感冒。

（三）句型

替换

（1）我的年龄小，他的年龄比我更小。

身体	好
成绩	好
发音	好
听力	好
口语	好
水平	高
爱好	多
朋友	多
贡献	大
家庭	幸福

（2）我们学习很努力，他们学习比我们还努力。

工作	认真
生活	困难
考试	紧张
起床	早
睡觉	晚
感冒	重
变化	大
放假	晚
开学	早

（3）我跑得很快，他比我跑得还快。

起	早
睡	晚
写	慢

跳　　　　　　　　高

提高　　　　　　　快

考虑　　　　　　　周到

准备　　　　　　　充分

打扫　　　　　　　干净

收拾　　　　　　　整齐

（4）他们学校的人数是我们学校的两倍。

他们学校的人数比我们学校多一倍。

我们学校的人数比他们学校少一半。

老师	多	少
学生	多	少
硕士研究生	多	少
博士研究生	多	少
外国留学生	多	少
面积	大	小
操场	大	小
礼堂	大	小

（四）课堂讨论

1. 你坐过北京的公共汽车吗？有没有遇到过什么有意思的事儿？

2. 请介绍一下在你们国家坐公共汽车的情况。

四 家庭作业 Homework

（一）用下列生词至少组成两个短语

（1）充满：________ ________　　（2）估计：________ ________

（3）减少：________ ________　　（4）递：________ ________

（5）改善：________ ________　　（6）锻炼：________ ________

（7）经历：________ ________　　（8）愉快：________ ________

（二）用“比……更／还……”完成句子

（1）小王很聪明，小张______________。

（2）小白很老实，小方______________。

（3）小于爱打扮，小丁______________。

（4）小马爱吹牛，小吴______________。

（5）小高学习很努力，小刘______________。

（6）小杨写的文章很生动，小鲁______________。

（7）小金做买卖讲信誉，小钱______________。

（8）小李汉字写得很漂亮，小孙______________。

（9）小赵适合当经理，小周______________。

（10）小郑喜欢帮助别人，小陈______________。

（三）用倍数表达法改写句子

（1）A市有30万人口，B市有60万人口。

（2）A市面积4000平方公里，B市面积12000平方公里。

（3）A市有5所大学，B市有20所大学。

（4）A市有12座立交桥，B市有24座。

（5）A市每年生产汽车40万辆，B市每年生产汽车80万辆。

（四）阅读

北京人坐过的公交车

80年代，北京的公共交通没有现在这么发达。那时候，地铁只有1号线和2号线两条线路，所以人们大多坐公共汽车出行。1984年，北京市公共汽车的数量是3369辆，公交线路大约150条。虽然这两个数字都已经是60年代的两倍了，却还是满足不了900多万北京人口的出行需求。

因为车少线路少，那时坐公共汽车可不是一件容易的事儿。首先得有耐心等，等上20分钟或者半个小时是常有的。好不容易上了车，车里又特别拥挤，有时候挤得连车门都关不上。车子开动以后，一定要注意听售票员报站的声音，提前挤到车门口，才不会耽误下车。那时，公共汽车上的售票员除了卖票、报站以外，还有一个更重要的工作是给人指路。不知道自己想去的地方怎么走？问售票员就行。只要你说出地名，他们就能很快地告诉你该怎么走、坐几路车，他们就是北京的“活地图”。

和80年代相比，现在北京的公共交通状况有了很大的不同。你能说说现在都有哪些变化吗？

1. 根据上下文解释词语

（1）公交

（2）线路

（3）出行

（4）数量

（5）需求

（6）开动

（7）指路

（8）相比

2. 回答问题

（1）请找出课文中表示比较的句子。

（2）请找出课文中表示倍数的句子。

（3）请说一说80年代坐公共汽车是什么样的？

（4）现在坐公共汽车和80年代有什么不同？

3. 复述短文

（五）写作

请把课文《你的衣服扣子少了两个》改为第三人称叙述。

五 语法 Grammar

（一）比较句（4） Sentence of comparison (4)

"比"字句（2） "比" sentence (2)

"……比……更／还……"结构可构成比较句。这种比较句用于比较程度。例如：

The construction "……比……更/还……" can form a sentence of comparison. This kind of sentence of comparison can be used to compare the degree. E.g.:

（1）他的年龄比我更小。

（2）看来，挤车比吃药还灵。

注意：（1）"……比……更……"多用于叙实，"……比……还……"多用于评价。（2）否定形式，除"……不比……更……"外，还有"……比……更不／还不／没……"。例如：

Points for attention: (1) "……比……更……" is mostly used to state a fact, while "……比……还……" is mostly used to make an appraisal. (2) Both "……不比……更……" and "……比……更不/还不/没……" are negative forms. E.g.:

（1）我的故事并不比大家的更精彩。

（2）他比我更不了解情况。

（3）这个电影比那个还没有意思。

（二）倍数表达法 The way to express multiples

汉语里用数词和量词"倍"构成的数量词表示倍数。例如：

In Chinese, multiples are indicated by numerals followed by the measure word "倍". E.g.:

（1）他们学校的人数是我们学校的两倍。

（2）他们学校的人数比我们学校多一倍。

（三）分数表达法 The way to express fraction

汉语里，分数用“……分之……”这种形式表达，先说分母，后说分子。例如：“$\frac{1}{5}$”读作“五分之一”，“$\frac{9}{100}$”读作“百分之九”。

In Chinese, "……分之……" is used to express fraction, in which the denominator is read first, and then the numerator. For example, "$\frac{1}{5}$" is read as "五分之一", and "$\frac{9}{100}$" is read as "百分之九".

六 注释 Notes

1. “一会儿”与“不一会儿” A short period of time

“一会儿”与“不一会儿”都表示很短的时间。二者用法有同有异。

Both "一会儿" and "不一会儿" mean a short period of time, but there are similarities and differences between them.

（1）都可用于已然性事实。例如：

Both can be used for already facts. E.g.:

1）彼得脸上一会儿就出汗了。

2）彼得脸上不一会儿就出汗了。

（2）“一会儿”可用于未然性事实，而“不一会儿”无此种句法功能。例如：

"一会儿" can be used for unanticipated facts, but "不一会儿" cannot be used this way. E.g.:

1）我一会儿就去。

2）*我不一会儿就去。

（3）用于已然性事实时，“不一会儿”可说成“不大一会儿”，“一会儿”前边不能加“大”。例如：

When used for already facts, “不一会儿” can be replaced by “不大一会儿”, but “大” cannot be used before “一会儿”. E.g.:

1）*彼得脸上大一会儿就出汗了。

2）彼得脸上不大一会儿就出汗了。

2. “好容易”与“好不容易”　Far from easy

“好容易”与“好不容易”做状语时意思都表示“很不容易”，只是“好不容易”比“好容易”程度更深些。例如：

When used as adverbials, both “好容易” and “好不容易” mean “很不容易” (far from easy, very difficult), but “好不容易” is more difficult than “好容易”. E.g.:

1）我好不容易才把体重减下来。

2）我好容易才把体重减下来。

Dì-qī kè
第七课 您也该享点儿福了

一 课文 Text

（晚饭后，方龙老师和妻子陈红、儿子方云天与母亲商量过生日的事儿）

陈　红：妈，后天是农历九月初一，是您的75岁大寿，我们商量过了，想好好儿给您过回生日。

方　龙：我们想找一家五星级酒店预订两桌，把几家亲戚也都请来，一块儿热闹热闹。

方云天：最好订一个带卡拉OK的单间。吃了饭，我们给奶奶唱几首歌，让奶奶高兴高兴。

方　母：去饭店过生日，那得花多少钱哪！

方云天：用不了多少，有个千儿八百的就够了。

方　母：我的天！一顿饭花那么多钱！那儿太贵了，咱们可去不得。

陈　红：妈，您放心吧，咱们家有钱。

方　母：你们挣点儿钱容易吗？再说，有钱也得攒着点儿啊。

方云天：奶奶，您老是想着攒钱。

方　母：不攒钱，以后拿什么给你娶媳妇？

方云天：您想得太远了！等我结婚的时候，一分钱也不问家里要。

陈　红：妈，您老吃了半辈子苦，现在家里条件好了，您也该享点儿福了。

方　母：这是你们的一片孝心，可花那么多钱实在不值得，还是在家里炒几个菜，煮点儿面条儿好。我听说剧场正在演出京剧，戏名叫什么来着？

方　龙：叫《李逵探母》。

陈　红：不是《李逵探母》，是《四郎探母》。

方　母：对，是《四郎探母》。我好多年没看京剧了，你们要是不忙，后天吃过晚饭陪我去看戏，就算给我过生日了。

方　龙：那就听您的，我和陈红陪您去。

方云天：奶奶，我也陪您去。

方　母：你也喜欢看京剧？

方云天：只要奶奶喜欢，我就喜欢。

二 生词 New words

1. 享福	（动）	xiǎngfú	to enjoy a happy life, to live in ease and comfort
2. 初		chū	(used before the numerals from one to ten to refer to the day of the lunar month)
3. 大寿	（名）	dàshòu	birthday (of an elderly person)
4. 星级	（名）	xīngjí	star level, star rating
5. 酒店	（名）	jiǔdiàn	hotel
6. 桌	（量）	zhuō	(a measure word) table
7. 亲戚	（名）	qīnqi	relative
8. 卡拉 OK		kǎlā OK	karaoke
9. 单间	（名）	dānjiān	separate room (in a hotel, restaurant, etc.)
10. 千儿八百		qiān'er-bābǎi	a thousand or slightly less
11. 顿	（量）	dùn	(a measure word for meals, beating, etc.)
12. 攒	（动）	zǎn	to save, to accumulate
13. 老是	（副）	lǎoshì	always
14. 娶	（动）	qǔ	to marry (a woman)
15. 媳妇	（名）	xífu	wife
16. 吃苦	（动）	chīkǔ	to bear hardships
17. 辈子	（名）	bèizi	lifetime, all one's life
18. 孝心	（名）	xiàoxīn	filial piety

19. 煮	（动）	zhǔ	to boil, to cook
20. 演出	（动）	yǎnchū	to perform, to show
演	（动）	yǎn	to perform, to play, to act
21. 戏	（名）	xì	drama, show
22. 来着	（助）	láizhe	(used at the end of affirmative sentences or special questions, indicating a past action or state)

补充词汇 Supplementary words

1. 经济	（名）	jīngjì	economy
2. 录像	（动、名）	lùxiàng	to videotape; videotape, video recording
3. 话剧	（名）	huàjù	modern drama, stage play
4. 信封	（名）	xìnfēng	envelope
5. 鸡蛋	（名）	jīdàn	egg
蛋	（名）	dàn	egg
6. 展览	（动）	zhǎnlǎn	to put on display
7. 孝顺	（动）	xiàoshùn	to show filial obedience
8. 哲学	（名）	zhéxué	philosophy
9. 活儿	（名）	huór	job, work
10. 恋爱	（名、动）	liàn'ài	love; to fall in love
11. 抬	（动）	tái	(of two or more persons) to carry, to lift up
12. 养	（动）	yǎng	to support, to provide for
13. 麻将	（名）	májiàng	mahjong
14. 扑克	（名）	pūkè	poker
15. 象棋	（名）	xiàngqí	Chinese chess
棋	（名）	qí	chess or any board game
16. 箱子	（名）	xiāngzi	chest, box, case, trunk
17. 感受	（名）	gǎnshòu	feeling
18. 软	（形）	ruǎn	soft
19. 从前	（名）	cóngqián	in the past
20. 死	（动）	sǐ	to die
21. 邻居	（名）	línjū	neighbor

22. 村（子）	（名）	cūn(zi)	village
23. 主人	（名）	zhǔrén	master, host, owner

专名 Proper nouns

1. 陈红	Chén Hóng	name of a person, usually a female name
2.《李逵探母》	《Lǐ Kuí Tàn Mǔ》	*Li Kui visits his mother*
3.《四郎探母》	《Sìláng Tàn Mǔ》	*The fourth son visits his mother*
4. 宋大江	Sòng Dàjiāng	name of a person, usually a male name

二 课堂练习 Exercises

（一）语音

1. 辨音辨调

xiǎngfú	享福	qīngqì	氢气	lǎoshi	老实
xìngfú	幸福	qīnqi	亲戚	lǎoshì	老是
xīfú	西服	yǎnchū	演出	jīngjì	经济
xífu	媳妇	yǎnzhū	眼珠	jǐnjí	紧急
lùxiàng	录像	hùshi	护士		
lùxiàn	路线	gùshi	故事		

2. 四音节声调

五十大寿	老是听着	演出京剧	吃饭来着
七十大寿	老是拿着	演出歌剧	喝药来着
八十大寿	老是想着	演出杂技	听课来着
九十大寿	老是等着	演出话剧	说话来着

一个信封
三个信封
六个信封
九个信封

四盒鸡蛋
五盒鸡蛋
八盒鸡蛋
十盒鸡蛋

参观展览
参加展览
观看展览
举办展览

孝顺妈妈
孝顺爷爷
孝顺奶奶
孝顺爸爸

3. 语调

（1）去饭店过生日，那得花多少钱哪！

（2）去欧洲旅行，那得花多少钱哪！

（3）买法国西服，那得花多少钱哪！

（4）买日本进口汽车，那得花多少钱哪！

（5）我的天！ 一顿饭花那么多钱！

（6）我的天！ 一双鞋花那么多钱！

（7）我的天！一支笔花那么多钱！

（8）我的天！一只狗花那么多钱！

（9）不攒钱，以后拿什么给你娶媳妇？

（10）不攒钱，以后拿什么给你买房子？

（11）不攒钱，以后拿什么给你买汽车？

（12）不攒钱，以后拿什么给你做买卖？

（二）词语

从本课生词表中选择合适的词语填空

（1）剧场正在________京剧《李逵探母》。

（2）我一________也忘不了你。

（3）今天中午咱们包饺子还是________面条儿？

（4）我喜欢学________，不喜欢学________。

（5）于文去年________了很多钱，她打算放假以后去旅行。

（6）我有个________在美国。

（7）________很多，一天干不完。

(8) 她正在跟小张的哥哥谈________。

(9) 这张桌子太重，咱们俩________吧。

(10) 父母把我们________大很不容易，他们老了，我们要好好________他们。

(11) 这些老人在一起打________，玩儿________，下________，看________，生活得很愉快。

(12) 今天下午我去看一个书法________。

(13) 这个________里都是衣服，没有别的。

(14) 我早饭吃了一个面包、一个________和一碗牛奶。

(15) 他上班时________最后一个来，第一个走。

(16) 参观这个展览，你有什么________？

(17) 奶奶的牙不好，面条儿得煮________一点儿。

（三）句型

替换

(1) 那个 地方 去不得。

些	东西	吃
种	饮料	喝
本	杂志	看
把	椅子	坐
个	房间	住
双	皮鞋	穿
顶	帽子	戴
个	问题	问
个	孩子	夸奖
些	领导	批评

(2) A：他姓什么来着？

B：他姓 宋。

叫	宋大江
教	太极拳
学	经济
考	哲学
要	信封
找	词典
唱	《敖包相会》
画	山水画儿
问	哪儿卖鸡蛋
说	那儿去不得

（3）A：你昨天晚上干什么来着？

B：我玩儿 电脑来着。

看	电视
看	录像
听	故事
唱	卡拉OK
打	麻将
玩儿	扑克
下	象棋
打	保龄球
练习	书法
复习	语法

（四）课堂讨论

1. 在你们国家，年纪大的人一般怎么过生日？

2. 请介绍你参加过的一次生日聚会（jùhuì，get-together）。

四 家庭作业 Homework

（一）用下列生词至少组成两个短语

（1）演出：________ ________　　（2）养：________ ________

（3）孝顺：________ ________　　（4）老是：________ ________

（5）活儿：________ ________　　（6）展览：________ ________

（7）信封：________ ________　　（8）辈子：________ ________

（二）把下列句子改成带可能补语"得／不得"的句子

（1）这顶帽子太大了，不能戴。

（2）那儿的东西太贵了，不能买。

（3）那个姑娘太厉害了，不能娶。

（4）那个地方为什么不能去？

（5）谁说这种饮料不能喝？

（6）那个房间能不能住？

（7）那本杂志小孩子能不能看？

（8）这个问题得慢慢解决，不能急。

（三）阅读

儿子不如石头

从前，有一位老人，妻子很早就死了。他一个人好不容易把三个儿子养大了，还给他们娶了媳妇。现在，老人年纪大了，不能干活儿了，三个儿子都不养他。老人每天吃不饱、穿不暖，生活非常困难。

邻居们实在看不下去了，就给老人出了个主意。

有一天，两个外村人抬着一只箱子来到老人家里，说："这是我们主人还你的银子。主人说，借了十年才还给你，实在不好意思。"老人让儿子们把箱子放在他的床下面，说："这些钱现在谁也不给。你们谁对我好，孝顺我，我死了以后就给谁。"

儿子们想，箱子很重，里面一定有很多钱，于是都对老人好起来。有的给老人做好吃的，有的给老人送好喝的，还给老人买新衣服。老人确实过上了幸福的生活。

几年以后，老人去世了。儿子们把箱子从老人的床下拉出来，打开一看，里面一两银子也没有，全是大石头。石头下面有一张纸，上面写着："儿子不如石头。"

1. 判别正误

(1) 老人把三个儿子养大很容易。 ( )

(2) 老人年纪大了，不能干活儿了，三个儿子都很孝顺他。 ( )

(3) 老人给邻居出了一个主意。 ( )

(4) 两个外村人把一只很重的箱子送给老人。 ( )

(5) 老人知道箱子里有很多银子。 ( )

(6) 老人知道箱子里没有银子，都是石头。 ( )

(7) 儿子们以为箱子里有很多银子，对老人的态度改变了。 ( )

(8) 老人去世前的几年生活得很幸福。 ( )

(9) 老人去世以后，把银子给了孝顺他的儿子。 ( )

(10) 老人认为有儿子比有石头好。 ( )

2. 复述《儿子不如石头》的故事

五 语法 Grammar

(一) 序数表达法 The way to express ordinals

汉语里，序数的表达法是在整数前边加"第"。

In Chinese, ordinals are indicated by placing "第" before an integral number.

1. 时间序数，如"第一年""第一天""第一个月"。

Ordinals referring to time, such as "第一年" "第一天" and "第一个月".

公历可省去“第”，如“1998年2月25日”。

When used in the Gregorian calendar, “第” can be omitted, such as “1998年2月25日”.

农历的表达法如下：

The lunar calendar are indicated as follows:

正（zhēng）月、二月、三月……十二月

初一、初二、初三……初十　　十一……二十　　二十一……三十

2. 事物序数，如“第一个楼”“第一座桥”。

Ordinals referring to objects, such as “第一个楼” “第一座桥”.

有些事物的序数，数词可直接连接名词，如“1楼”。

A noun can be placed directly after a numeral for some ordinals referring to objects, such as “1楼”.

3. 人的序数，如“第一个人”。

Ordinals referring to people, such as “第一个人”.

人的排行用“老大、老二、老三”“大哥／姐、二哥／姐、三哥／姐”“大妹妹、小妹妹”“大儿子、小儿子”等。

The seniority among brothers and sisters is indicated as follows: “老大、老二、老三” “大哥/姐、二哥/姐、三哥/姐” “大妹妹、小妹妹” “大儿子、小儿子” and so on.

4. 组织序数，如“一班”“二室”等，在书面语或正式场合的口语中才用上“第”，如“第五医院”“第三研究室”。

Ordinals referring to organizations, such as “一班” “二室” and so on. “第” is used only in written or spoken Chinese on formal occasions, such as “第五医院” “第三研究室”.

（二）可能补语（4）　Potential complement (4)

有些动词可与“得／不得”构成可能补语，如“吃得”“吃不得”。

A potential complement can be composed of some verbs and "得/不得", such as "吃得" and "吃不得".

注意：（1）带可能补语"得"的动词仅限于单音节，带可能补语"不得"的动词不限于单音节，如"夸奖不得"。（2）动词一般是被动意义，不带宾语，如"这个人夸奖不得"。

Points for attention: (1) Verbs followed by "得" as a potential complement are only monosyllabic verbs, while verbs followed by "不得" as a potential complement are not only monosyllabic, such as "夸奖不得". (2) When used in this way, verbs usually bears a passive implication and not followed by any objects, such as "这个人夸奖不得".

（三）动态助词"来着" The aspectual particle "来着"

动态助词"来着"用于句尾，在陈述句中表示不久前发生过某事，在特殊疑问句中用来询问一时遗忘的某事。所谓"不久前"，只是说话人的一种主观感觉，实际时间不一定很近。例如：

The aspectual particle "来着" is used at the end of a sentence to indicate that something happened not long ago in a declarative sentence, and enquire about something forgot for the time being in a special question. The so-called "not long ago" here is only a subjective feeling of the speaker, may not be the actual time. E.g.:

（1）我们刚才玩儿电脑来着。

（2）他姓什么来着？

注意：（1）"来着"限于非正式场合的口语。（2）"来着"不跟动态助词"了$_1$"和语气助词"了$_2$"同现。

Points for attention: (1) "来着" is used in spoken Chinese on informal occasions. (2) "来着" cannot be used together with the aspectual particle "了$_1$" and the modal particle "了$_2$" in a sentence.

六 注释 Notes

1.《李逵探母》 *Li Kui visits his mother*

根据中国古代名著《水浒传》改编的一出京剧。

It is a Beijing Opera adapted from a famous ancient Chinese novel *The Water Margin*.

2.《四郎探母》 *The Fourth Son visits his mother*

根据中国历史小说《杨家将演义》改编的一出京剧。

It is a Beijing Opera adapted from a Chinese historical novel *The Historical Novel on the Generals of the Yang's Family.*

Dì-bā kè
第八课 我的电动车被人偷走了

一 课文 Text

（一）

（王欢正在办公室，贝拉突然敲门走了进来）

王　欢：贝拉，怎么一脸不高兴的样子？

贝　拉：王老师，我的电动车被人偷走了！

王　欢：是吗？你把车放在哪儿了？

贝　拉：放在宿舍门口了。

王　欢：你慢慢找找，别着急，越着急越找不到。

贝　拉：我已经找了很长时间了。

王　欢：你想想，有人借过你的车吗？

贝　拉：没有。肯定让人偷走了。

王　欢：你把这事儿告诉学校保卫处了吗？

贝　拉：我刚才去了一趟，他们正在开会，没进去。

王　欢：既然丢了，着急也没有用。贝拉，我给你讲个故事，好吗？

贝　拉：我哪儿还有心思听故事啊？

王　欢：你坐下，听我讲完了故事，你就不生气了。

（二）

古时候，草原上住着一个老人和他的儿子。有一天，老人的一匹马丢了，

邻居们都来安慰他。老人说："丢了就丢了吧，马丢了不一定是坏事。"

过了几天，那匹马回来了，而且还带回来一群野马，一共有十几匹，一匹比一匹高大、强壮。邻居们都来向他表示祝贺。老人说："有什么可祝贺的？这不一定是好事。"

又过了一些日子，老人的儿子在驯马的时候，从马背上摔了下来，一条腿摔断了。邻居们又来安慰他。老人说："摔断了就摔断了吧，腿摔断了也不一定是坏事。"

第二年，发生了战争，村里的年轻人都被送上了战场。结果，他们都死了。现在，村里只有一个年轻人还活着，那就是——

贝　拉：老人的儿子。

王　欢：贝拉，你听懂了？

贝　拉：听懂了，要是我的车也能带回来几辆电动车就好了。

二 生词 New words

1. 电动车	（名）	diàndòngchē	electric vehicle
2. 越…… 越……		yuè…yuè…	the more...the more...
3. 肯定	（副）	kěndìng	definitely
4. 让	（介）	ràng	(used in a passive sentence to introduce the actor)
5. 保卫处	（名）	bǎowèichù	security section (of an organization)
保卫	（动）	bǎowèi	to defend
6. 趟	（量）	tàng	(a measure word for a trip)
7. 开会	（动）	kāihuì	to hold or attend a meeting
会	（名）	huì	meeting
8. 心思	（名）	xīnsi	thought, idea
9. 古	（形）	gǔ	ancient
10. 草原	（名）	cǎoyuán	grassland, prairie
11. 匹	（量）	pǐ	(a measure word for horses, mules, etc.)
12. 安慰	（动）	ānwèi	to comfort, to console
13. 群	（量）	qún	(a measure word for people or animals, etc.)
14. 野	（形）	yě	wild, undomesticated, uncultivated
15. 高大	（形）	gāodà	tall and big, tall
16. 强壮	（形）	qiángzhuàng	strong, sturdy
强	（形）	qiáng	powerful, strong
壮	（形）	zhuàng	strong, magnificent
17. 可	（能动）	kě	to be worth (doing)
18. 日子	（名）	rìzi	day, life
19. 驯	（动）	xùn	to tame
20. 背	（名）	bèi	back
21. 摔	（动）	shuāi	to fall, to tumble
22. 腿	（名）	tuǐ	leg
23. 断	（动）	duàn	to break, to cut off
24. 坏	（形）	huài	bad, evil

25. 发生	(动)	fāshēng	to happen, to occur
26. 战争	(名)	zhànzhēng	war
27. 战场	(名)	zhànchǎng	battle field
28. 结果	(连)	jiéguǒ	as a result

补充词汇 Supplementary words

1. 书包	(名)	shūbāo	schoolbag
2. 知识	(名)	zhīshi	knowledge
3. 立刻	(副)	lìkè	immediately, at once
4. 毛病	(名)	máobìng	illness, trouble
5. 捂	(动)	wǔ	to cover, to seal, to muffle
6. 摩托车	(名)	mótuōchē	motorcycle
7. 倒	(动)	dǎo	to fall, to topple
8. 照相机	(名)	zhàoxiàngjī	camera
9. 数码相机	(名)	shùmǎ xiàngjī	digital camera
10. 农民	(名)	nóngmín	farmer
11. 短信	(名)	duǎnxìn	text message
12. 弱	(形)	ruò	weak
13. 弄	(动)	nòng	to do, to manage, to handle
14. 小偷儿	(名)	xiǎotōur	petty (or sneak) thief, pilferer
15. 领	(动)	lǐng	to lead, to claim (sth. lost)
16. 并且	(连)	bìngqiě	and, besides, moreover
并	(连)	bìng	and, besides

专名 Proper nouns

林明	Lín Míng	name of a person

二 课堂练习 Exercises

(一) 语音

1. 辨音辨调

bǎowèi	保卫	xīnqín	辛勤	ānwēi	安危
bāowéi	包围	xīnqíng	心情	ānwèi	安慰
qiánzhàn	前站	fāshēng	发生	zhànzhēng	战争
qiángzhuàng	强壮	fānshēn	翻身	zhànchǎng	战场
shūbāo	书包	zhīshi	知识	xiàohua	笑话
shūbào	书报	zīshì	姿势	xiǎohuā	小花

2. 四音节声调

肯定不是	肯定不想	发生变化	商店周围
肯定不去	肯定不买	发生意外	医院周围
肯定不会	肯定不找	发生政变	学院周围
肯定不对	肯定不跑	发生动乱	学校周围

立刻出发	立刻出院	立刻开始	立刻住院
立刻参加	立刻吃饭	立刻开演	立刻化验
立刻参观	立刻开会	立刻修理	立刻建议
立刻搬家	立刻恢复	立刻修改	立刻训练

3. 语调

(1) 别着急，越着急越找不到。

(2) 别着急，越着急越查不到。

(3) 别着急，越着急越算不对。

(4) 别着急，越着急越写不好。

(5) 既然丢了，着急也没有用。

(6) 既然坏了，着急也没有用。

(7) 既然破了，着急也没有用。

(8) 既然死了，着急也没有用。

(9) 丢了就丢了吧。

(10) 摔了就摔了吧。

(11) 坏了就坏了吧。

(12) 断了就断了吧。

（二）词语

从本课生词表中选择合适的词语填空

(1) 这些运动员的身体非常________。

(2) 我的电脑出了________，开不了机。

(3) 这件事儿他________知道。

(4) 我刚要说话，小刘把我的嘴________住了。

(5) 这个城市有座________的立交桥。

(6) 今天下午老师们________，不能给你辅导了。

(7) 我喜欢在大________上骑马。

(8) 孙师傅的妻子死了，大家都来________他。

(9) 她放下电话，________回家了。

(10) 小王买了一辆________。

(11) 在这场________中，死了很多人。

(12) 小宋的工作是________狗，教小狗表演节目。

(13) 那个运动员突然________倒了，他的腿摔________了。

(14) 最近几年，这里________了很大变化。

(15) 艾米了解了很多历史方面的________。

(16) 那些年轻人积极当兵，________自己的国家。

（17）我新买的________昨天丢了。

（18）他们是郊区的________，来到城市里卖菜。

（19）金汉成从________里拿出来一本词典。

（20）发________比打手机省钱。

（21）你的身体太________了，应该加强锻炼。

（三）句型

替换

（1）我的自行车被人偷走了。

词典

书包

钱包

手机

箱子

照相机

数码相机

摩托车

汽车

（2）门被风刮开了。

门没被风刮开。

窗户	刮开
树	刮断
船	刮走
帽子	刮跑
自行车	刮倒

（3）A：你的自行车让谁骑走了？

B：我的自行车让林明骑走了。

词典	拿去
箱子	拿走

书包	拿走
汽车	开走
摩托车	骑坏
照相机	弄丢
电动车	借去
电脑	弄坏

(4) 那本 词典要是不给人借走就好了。

本	杂志
本	小说
支	笔
把	伞
张	桌子
张	报纸
辆	自行车
幅	画儿
些	邮票
个	数码相机

(5) 这些马一匹比一匹 高大。

猪	只	肥
猴子	只	瘦
熊猫	只	胖
小兔子	只	可爱
老人	个	健康
年轻人	个	强壮
小孩子	个	聪明
小姑娘	个	漂亮

(6) 他的身体一天比一天 好。

脸色	天	好
病	天	厉害

声音	次	小
生活	天	快活
知识	天	多
爱好	年	多
贡献	年	大
学习成绩	年	好

（四）课堂讨论

1. 你或者你的朋友有没有丢过东西？请你说说当时的情况。

2. 请你给大家分享一个失而复得（shī'érfùdé，recover all that was lost）的故事。

四 家庭作业 Homework

（一）用下列生词至少组成两个短语

（1）肯定：________ ________　　（2）立刻：________ ________

（3）安慰：________ ________　　（4）发生：________ ________

（5）心思：________ ________　　（6）保卫：________ ________

（7）日子：________ ________　　（8）知识：________ ________

（9）毛病：________ ________　　（10）弄：________ ________

（二）把下列“把”字句改成“被”字句

（1）我在商店买东西的时候，小偷儿把我的钱包偷走了。

（2）彼得把我的自行车弄坏了。

（3）他们把那个病人送到医院去了。

（4）人们把小偷儿抓住了。

（5）他们没把这本书拿走。

（6）那位司机把我的汽车修好了。

（7）妈妈把走丢的孩子领回来了。

（三）阅读

农民和马

有个农民丢了一匹马，他想再买一匹。一天，他来到市场上。忽然，他发现了自己丢的那匹马。

“这马是我的，三天以前被人偷走了。”他对站在马旁边的那个人说。

“这不可能，这匹马我已经养了三年了。”那人说。

“三年？是真的吗？”农民说着，很快用两只手捂住马的双眼，问那个人：“你说，马的哪只眼睛有毛病？”

“左眼。”那人说。

农民拿开那只手，人们看到马的左眼很明亮，一点儿毛病也没有。

“啊，我说错了。马的右眼有毛病。”那人说。

农民拿开另一只手，周围的人看到，马的右眼也没有毛病。农民大声地叫道：“这个人是小偷儿，快抓住他。”

小偷儿想跑，但是立刻被人们抓住了。不一会儿，小偷儿就被送到了公安局（gōng'ānjú，public security bureau），并且被关进了监狱（jiānyù，prison, jail）。那位农民领回了自己的马。

1. 回答问题

（1）马的哪只眼睛有毛病？

（2）农民为什么很快用两手捂住马的双眼？

（3）这个故事的结果怎么样？

2. 朗读短文

（四）写作

你有没有遇到过或听说过坏事变好事或者好事变坏事的情况？请写一写。

五 语法 Grammar

（一）有标志的被动句（1） The passive sentence with a passive marker (1)

用介词“被／让／给”等引出施事的被动句称为有标志的被动句。这种被动句的语序是：

The passive sentence by using the prepositions “被” “让” or “给” to introduce the agent is known as the passive sentence with a passive marker. The order of this kind of passive sentences is as follows:

受事主语＋被／让／给＋施事宾语＋动词＋补语／动态助词等

patient subject + 被/让/给 + agent object + verb + complement/aspectual particle and so on

例如：E.g.:

（1）我的车肯定让人偷走了。

（2）船没被风刮走。

（3）我那本词典要是不给人借走就好了。

注意：（1）这种被动句多含有不如意的意思。（2）“被”多用于书面语或正式场合的口语，“让／给”多用于非正式场合的口语。（3）不知道施事是谁或对施事不太关注时，施事可省。“被／给”可直接连接动词。“让”无此种用法，如“一条腿给摔断了”。

Points for attention: (1) This kind of passive sentence usually implied an undesirable outcome. (2) “被” is mostly used in written Chinese or spoken Chinese on formal occasions, while “让” or “给” is mostly used in spoken Chinese on informal occasions. (3) When the agent is not clear or not emphasized, it can be omitted in the sentence. As a result, "被" or "给" can be immediately followed by a verb in that case. But "让" cannot be used this way, e.g.: "一条腿给摔断了".

（二）比较句（5） Sentence of comparison (5)

"比"字句（3） "比" sentence (3)

"比"字前后重复使用含有"一"的数量词、时间名词或名词短语时，可构成比较句。这种比较句可分为两类：一类"一A比一A+形容词"句表示每个个体的状态都达到很高的程度。例如：

A sentence of comparison can be composed of the word "比" preceded and followed by a quantifier/time noun/nominal phrase containing "一". This kind of sentence of comparison can be classified into two categories: one "一A 比一 A + 形容词" sentence indicates that the state of each individual has reached a high degree. E.g.:

（1）这十几匹马，一匹比一匹高大。

（2）这些年轻人，一个比一个强壮。

另一类"一A比一A + 形容词"句表示某一事物的状态趋向。例如：

Another "一A比一A + 形容词" sentence indicates the state tendency of a certain thing. E.g.:

（3）他的身体一天比一天好起来。

（4）他的学习成绩一年比一年好。

Dì-jiǔ kè 第九课　小闹钟的故事

一 课文 Text

（一）

（课间，教室里）

白　华：贝拉，你今天又迟到了。

贝　拉：老师，真对不起，我能解释一下吗？

白　华：说吧。

贝　拉：这个星期我倒霉透了！几天中丢了两样东西。

白　华：都丢了什么？

贝　拉：去天津旅游，我把小闹钟丢了。昨天，电动车又叫人偷走了。

白　华：那就只好买新的了。

贝　拉：电动车丢了，可以买新的，可我的小闹钟是花钱也买不到的。

白　华：是吗？那一定是个纪念品吧。

贝　拉：是的。这个小闹钟是我五岁的时候，奶奶送给我的生日礼物。它陪我读完了小学、中学和大学，是我的好伙伴。有了它，我上课、约会从没迟到过。后来，奶奶去世了，小闹钟就成了珍贵的纪念品，看到它，就想起了我奶奶。

白　华：别难过了，再好的伙伴也有分别的时候，对吧？

（艾米走进教室）

艾　米：贝拉，有人给你寄东西来了，这是包裹单。

（二）

真没想到，贝拉的小闹钟警察给寄过来了！

上午，艾米送来了一张包裹单，单子上清清楚楚地写着："闹钟一个。"在"寄件人地址、姓名"一栏里，填写着"天津市公安局"几个字。贝拉激动极了，她怎么也没想到，天津市公安局的警察会特意把这么一个普通的闹钟给她寄来。她向着天津的方向，对公安局的警察们在心里说了一声"谢谢"。

贝拉连忙跑到邮局，把她心爱的小闹钟取了回来。分别了好几天的小伙伴又回来了。从此，这个小闹钟每天早晨又能按时叫醒她，催她起床了。

二 生词 New words

1. 闹钟	（名）	nàozhōng	alarm clock
闹	（动、形）	nào	to make a noise, to stir up trouble; noisy
2. 解释	（动）	jiěshì	to explain
3. 倒霉	（形）	dǎoméi	out of luck
4. 透	（形）	tòu	thorough, transparent
5. 样	（量）	yàng	(a measure word) kind, type
6. 叫	（介）	jiào	(used in a passive sentence to introduce the actor)

7. 纪念品	（名）	jìniànpǐn	souvenir
……品		…pǐn	(suffix) article
8. 伙伴	（名）	huǒbàn	partner, companion
9. 约会	（名）	yuēhuì	appointment
约	（动）	yuē	to make an appointment with, to arrange (an appointment)
10. 珍贵	（形）	zhēnguì	valuable, precious
11. 难过	（形）	nánguò	sorry, grieved
12. 分别	（动）	fēnbié	to part
13. 给	（助）	gěi	(used before a verb for emphasis)
14. 寄件人	（名）	jìjiànrén	sender
15. 地址	（名）	dìzhǐ	address
16. 栏	（名）	lán	column
17. 填写	（动）	tiánxiě	to fill in
18. 公安局	（名）	gōng'ānjú	public security bureau
公安	（名）	gōng'ān	public security
局	（名）	jú	bureau
19. 激动	（形）	jīdòng	excited
20. 特意	（副）	tèyì	for a special purpose, specially
21. 心爱	（形）	xīn'ài	beloved, treasured
22. 从此	（副）	cóngcǐ	from this time on, from now on, from then on
此	（代）	cǐ	this
23. 早晨	（名）	zǎochen	morning
24. 醒	（动）	xǐng	to wake
25. 催	（动）	cuī	to urge

补充词汇 Supplementary words

1. 项链	（名）	xiàngliàn	necklace
2. 戒指	（名）	jièzhi	(finger) ring
3. 耳环	（名）	ěrhuán	earrings
4. 存折	（名）	cúnzhé	bankbook, deposit book
5. 怀疑	（动）	huáiyí	to suspect, to doubt
6. 柜子	（名）	guìzi	cupboard, cabinet
7. 信用卡	（名）	xìnyòngkǎ	credit card

8. 电视机	（名）	diànshìjī	television set
9. 准确	（形）	zhǔnquè	accurate, exact, precise
10. 收件人	（名）	shōujiànrén	addressee, consignee
11. 斧子	（名）	fǔzi	axe, hatchet

专名 Proper nouns

1. 阿龙	Ā Lóng	name of a person
2. 阿虎	Ā Hǔ	name of a person

二 课堂练习 Exercises

（一）语音

1. 辨音辨调

chídào	迟到	jiēshi	结实	huǒbàng	火棒
chìdào	赤道	jiěshì	解释	huǒbàn	伙伴
zhēnguì	珍贵	dìzhǐ	地址	zéchéng	责成
zūnguì	尊贵	dìzhì	地质	zǎochen	早晨
xiàngliàn	项链	jiézhǐ	截止	èrhuán	二环
xiānglián	相连	jièzhi	戒指	ěrhuán	耳环

2. 四音节声调

他的闹钟	您的闹钟	我的闹钟	你的闹钟
他的地址	您的地址	我的地址	你的地址
他的护照	您的护照	我的护照	你的护照
他的存折	您的存折	我的存折	你的存折

不要解释	不用解释	不必解释	不会解释
不要难过	不用难过	不必难过	不会难过
不要填写	不用填写	不必填写	不会填写
不要怀疑	不用怀疑	不必怀疑	不会怀疑

3. 语调

(1) 这个星期我倒霉透了!

(2) 这个月我倒霉透了!

(3) 这几天我倒霉透了!

(4) 这两天我倒霉透了!

(5) 那就只好买新的了。

(6) 那就只好换新的了。

(7) 那就只好做新的了。

(8) 那就只好弄新的了。

(9) 真没想到，贝拉的小闹钟警察给寄过来了。

(10) 真没想到，贝拉的戒指警察给寄过来了。

(11) 真没想到，贝拉的耳环警察给寄过来了。

(12) 真没想到，贝拉的项链警察给寄过来了。

(二) 词语

从本课生词表中选择合适的词语填空

(1) 艾米买了好几________点心。

(2) 谁来________一下这个生词?

(3) 方龙每天________打半个小时太极拳。

(4) 小郑送给我一件非常________的礼物。

(5) 别________，放心，你的病很快就能好。

(6) 请把你家的________写在这儿。

(7) 星期天早上，我________了以后没马上起床。

(8) 雨太大了，小王的衣服都湿（shī，wet）________了。

(9) 你________小吴了吗？他怎么还不来？

(10) 刘老师，我今天________来看看您。

(11) 他跟女朋友每个星期天都有________。

(12) 你怎么________小李拿走了你的足球？

(13) 收到天津市公安局寄来的小闹钟，贝拉________得说不出话来了。

(14) 这两本词典是我的好________，我们每天在一起。

(15) 小林从________下边拿出来一副球拍。

(16) 在这一________里填写什么？

(17) 我已经________了他三次，他还没出来。

(18) 我们明天就要________了，我送你一件________。

(19) 彼得去银行取钱的时候把________丢了。

(20) 真________，我的电视机和电脑都坏了。

(21) 你这个字的发音很________，一点儿毛病也没有。

(22) 寄包裹的时候，寄件人和________的地址、姓名都要写清楚。

（三）句型

替换

(1) 我的<u>自行车</u>叫人偷走了。

摩托车

小闹钟

信用卡

金项链

金戒指

金耳环

电视机

新手机

照相机

（2）贝拉的小闹钟公安局给寄过来了。

山本	取回来
彼得	找回来
丁兰	带来
于文	拿来
金汉成	放在书架上
方云天	修好
艾米	摔坏
大内	弄丢

（3）他的自行车我给骑坏了。

杯子	摔
照相机	弄
足球	踢
沙发	坐
画儿	画
圆珠笔	用
衬衫	洗
电脑	玩儿
手表	修

（4）我把小闹钟丢了。

自行车

摩托车

护照

存折

信用卡

钱包

帽子

戒指

耳环

项链

（四）课堂讨论

1. 你有没有收到过什么珍贵的礼物？请说一说这个礼物的故事。

2. 看图说话：《帮助残疾人（cánjírén，a disabled or handicapped person）》。

四 家庭作业 Homework

（一）用下列生词至少组成两个短语

（1）解释：________ ________　　（2）约会：________ ________

（3）分别：________ ________　　（4）怀疑：________ ________

（5）珍贵：________ ________　　（6）特意：________ ________

（7）难过：________ ________　　（8）倒霉：________ ________

（二）用“被”“叫”“让”或“给”回答问题

（1）你的帽子呢？

（2）你的手表呢？

（3）你的钥匙呢？

（4）你的护照呢？

（5）你的行李呢？

（6）你的雨伞呢？

(7) 你的闹钟呢?

(8) 你的画报呢?

(9) 你的自行车呢?

(10) 你的《汉英词典》呢?

（三）阅读

谁偷了他的斧子

从前，有个人叫阿龙。

一天，他发现自己的斧子不见了。他把家里都找遍了，还是没找到。他忽然想起邻居阿虎的儿子昨天来过他家，就怀疑斧子是阿虎的儿子给偷走了。

第二天，阿龙在门口遇见阿虎的儿子，看他走路的样子，听他说话的声音，都像是偷斧子的人。阿龙回到家里对妻子说："你知道吗？咱们家的斧子可能是阿虎的儿子给偷去了。"妻子说："你怎么知道斧子是他偷的？"阿龙说："刚才我在门口遇见阿虎的儿子，发现他走路的样子是匆匆忙忙的，说话的声音比平时小，他还热情地跟别人打招呼，见到我，却没跟我打招呼。你说，斧子不是他偷的，是谁偷的？"

后来，阿龙在厨房的柜子下边找到了他的斧子。他在门口又遇见了阿虎的儿子，再看他走路的样子、说话的声音，觉得不像是偷斧子的人了。

1. 选择正确答案

(1) 是不是阿虎的儿子偷了他的斧子?

A. 是　　B. 不是

(2) 阿龙为什么怀疑斧子被阿虎的儿子偷去了?

A. 他走路的样子、说话的声音跟平时不一样

B. 他非常热情地跟阿龙打招呼

(3) 阿龙的斧子丢了没有?

A. 丢了　　B. 没丢

(4) 阿龙在哪儿找到了斧子?

A. 门口　　B. 厨房的柜子下边

（5）阿龙找到斧子以后再看阿虎的儿子还像偷斧子的人吗？

A. 像　　　　　　B. 不像

2. 复述短文

五 语法 Grammar

（一）有标志的被动句（2） The passive sentence with a passive marker (2)

助词“给”用于施事之后时，也是有标志的被动句。这种被动句的语序是：

A sentence in which the particle “给” followed by the agent is also known as a passive sentence with a passive marker. The order of this kind of sentence is as follows:

受事大主语＋施事小主语＋给＋动词＋补语／语气助词等

major patient subject + secondary agent subject + 给 + verb + complement/modal particle and so on

例如：E.g.:

（1）他的自行车我给骑坏了。

（2）贝拉的小闹钟警察给寄过来了！

注意：“被／让／叫”无此种用法。

Point for attention: “被” “让” or “叫” cannot be used this way.

（二）“把”字句（4） “把” sentence (4)

如果受事成为主话题，施事成为次话题，虽然施事对受事不是有意识地进行处置，但在客观上对受事造成某种影响时，也用“把”字句。例如：

If the patient becomes the major topic, and the agent becomes the secondary topic, although the agent does not consciously dispose of the patient, the patient is affected objectively, the “把” sentence is also used. E.g.:

（1）我把小闹钟丢了。

（2）他把自行车骑坏了。

六 注释 Notes

1. “透”用于谓词性成分之后做程度补语时，后边要带语气助词“了”。这是一种夸张的说法，如“这个星期我倒霉透了”。

When “透” is used after predicative component as a degree complement, it must be followed by the modal particle “了”. This is an expression of exaggeration, such as “这个星期我倒霉透了”.

2. 表示被动意义的介词“叫”，用法跟表示被动意义的介词“让”相同，只是比“让”更口语化一些，如“昨天他的自行车叫人偷走了”。

When the preposition “叫” functions as a passive marker, it is used as same as the passive marker “让”, but “叫” is more colloquial, such as “昨天他的自行车叫人偷走了”.

Dì-shí kè
第十课　手纸和信纸

一 课文 Text

（方龙老师和大内上子的对话）

方　龙：上子，你觉得日本人学汉语哪方面比较容易，哪方面比较困难？

大　内：就拿我来说吧，在写字和阅读方面，可能比艾米、彼得他们容易一点儿，可是在听说和语法方面，就感到困难了。

方　龙：我在课堂上一直强调听和说，可还是发现有些日本学生不喜欢说。

大　内：这里有一个原因：日本人来到中国，常常不需要说话就能办事，反正大街上、饭店里到处都有汉字。另外，有些日本同学爱面子，怕说错了被别人笑话，弄得自己不好意思。

方　龙：学外语不能怕丢面子，怕丢面子就学不好外语，你说是吧？

大　内：的确是这样。

方　龙：我不懂日语，不知道日语中到底有多少汉字。

大　内：日语中的常用汉字大概有2100多个，这些常用汉字中有1000多个是日本小学阶段要学习的。

方　龙：是吗？这么多汉字在日语和汉语里的意思都一样吗？

大　内：差不多一样。但是，经过长时间的发展，有些汉字的意思在日语里已经完全变了。

方　龙：所以说，光认识汉字，还是不能满足交际需要的。

大　内：是的，而且在使用汉字的时候，要是不注意，还会闹出笑话来呢。我给您讲个笑话吧。说是笑话，其实是件真实的事情。一个来中国旅行的日本人，住在一家宾馆里。他想给日本的朋友写信，就去找服务员问哪里有信纸。他不会说汉语，没办法，只好拿出笔，在手上写了“手纸”两个字。服务员看了，点点头，马上进屋子拿来一卷卫生纸。这位日本人想，服务员一定误会了，于是又在手上写了个“便”字。服务员一看，急忙一手抓起那卷卫生纸，一手拉着那个日本人，飞快地把他领到厕所去了！

二 生词 New words

1. 手纸	（名）	shǒuzhǐ	toilet paper
2. 信纸	（名）	xìnzhǐ	letter paper, writing paper
3. 课堂	（名）	kètáng	classroom
4. 强调	（动）	qiángdiào	to stress, to emphasize
5. 需要	（动、名）	xūyào	to need, to demand; needs
6. 反正	（副）	fǎnzhèng	anyway, anyhow
7. 另外	（连）	lìngwài	in addition
8. 爱面子		ài miànzi	to be concerned about face-saving, to be sensitive about one's reputation
面子	（名）	miànzi	reputation, prestige, face
9. 笑话	（动、名）	xiàohua	to laugh at, to ridicule; joke, jest
10. 到底	（副）	dàodǐ	after all, at last

11. 大概	（副）	dàgài	approximately
12. 发展	（动）	fāzhǎn	to develop
13. 交际	（动）	jiāojì	to communicate, to socialize
14. 使用	（动）	shǐyòng	to use
15. 其实	（副）	qíshí	in fact
16. 真实	（形）	zhēnshí	true, real, authentic
17. 点头	（动）	diǎntóu	to nod
18. 卷	（量）	juǎn	(a measure word) reel
19. 卫生纸	（名）	wèishēngzhǐ	toilet paper
卫生	（名、形）	wèishēng	hygiene; sanitary
20. 急忙	（副）	jímáng	in haste, in a hurry
21. 飞快	（形）	fēikuài	very fast

补充词汇 Supplementary words

1. 语调	（名）	yǔdiào	intonation
2. 基本	（形、副）	jīběn	basic, fundamental; basically
3. 掌握	（动）	zhǎngwò	to master, to grasp
4. 期间	（名）	qījiān	period
5. 工地	（名）	gōngdì	construction site
6. 痛苦	（形）	tòngkǔ	painful
7. 那里	（代）	nàlǐ	there
8. 正确	（形）	zhèngquè	correct, right
9. 油	（名）	yóu	oil, petroleum
10. 改正	（动）	gǎizhèng	to correct, to put right
改	（动）	gǎi	to change, to correct, to alter
11. 责怪	（动）	zéguài	to blame
12. 牌子	（名）	páizi	plate, sign
13. 模仿	（动）	mófǎng	to imitate
14. 工程师	（名）	gōngchéngshī	engineer
工程	（名）	gōngchéng	project
15. 养成		yǎngchéng	to form (a habit)
16. 错误	（名）	cuòwù	mistake
17. 承认	（动）	chéngrèn	to admit, to acknowledge
18. 笨	（形）	bèn	stupid, foolish

19. 否认	（动）	fǒurèn	to deny, to repudiate
20. 事实	（名）	shìshí	fact
21. 观点	（名）	guāndiǎn	point of view, opinion
22. 缺点	（名）	quēdiǎn	shortcoming, weakness, defect
23. 受伤	（动）	shòushāng	to be injured, to be wounded
伤	（名、动）	shāng	wound, injury; to injure, to hurt

二 课堂练习 Exercises

（一）语音

1. 辨音辨调

kètáng	课堂	qiángdiào	强调	xūyào	需要
kètào	客套	qiāndào	签到	yīyào	医药
jiāojì	交际	shíyòng	实用	qièshí	切实
jiāojiè	交界	shǐyòng	使用	qíshí	其实
yǔdiào	语调	zīběn	资本	zhǎnwàng	展望
yùdào	遇到	jīběn	基本	zhǎngwò	掌握
qūjiān	区间	gōngdì	工地	tòngkǔ	痛苦
qījiān	期间	gēngdì	耕地	tòngkū	痛哭

2. 四音节声调

来到这里	那里有人	急忙出来	基本正确
回到这里	那里有门	急忙回来	基本顺利
谈到这里	那里有床	急忙起来	基本意义
送到这里	那里有油	急忙下来	基本状况

需要说话	发展经济	一定改正	掌握知识
需要工作	发展农业	能够改正	掌握方法
需要安静	发展文化	同意改正	掌握语言
需要帮助	发展生产	决心改正	掌握情况

（二）词语

从本课生词表中选择合适的词语填空

（1）他总是________别人，从来不________自己。

（2）你看见________上的大牌子了吗？

（3）厕所里的________已经用完了，得再买一些。

（4）这种________的质量不太好，你买那种吧。

（5）大内的语音________不太好，老师让她多听录音，多________。

（6）我喜欢建筑，毕业以后想当________。

（7）这些生词我已经完全________了。

（8）那里是________，小孩子不能在那儿玩儿。

（9）那些老人身体不好，________别人照顾。

（10）你________什么东西就告诉我，我一定给你买。

（11）你们________去不去旅行？怎么还没决定？

（12）我早睡早起的习惯是小时候________的。

（13）春节________孩子们穿上新衣服，可高兴了。

（14）不怕有错误，就怕不________错误，不________错误。

（15）我怎么这么________？别人都记住了，我记不住。

（16）有的日本女学生________，怕说错了。

（17）语言是不断________的，最近几年出了很多新词。

（18）老师多次________学习语言是为了________。

（19）他的发音________正确，说得也比较流利。

（20）那辆汽车________地开过去了。

（21）小李腿摔断了，我们________把他送到医院。

（22）他否认这个________。

（23）他没有承认________。

（24）事实上，他并没有错。你同意我的________吗？

（三）课堂讨论

1. 有人说，汉语是世界上最有意思的语言之一。你觉得怎么样才能学好汉语？请谈谈自己学习汉语的情况。

2. 汉语跟你们国家的语言有哪些相同和不同的地方？

3. 请你讲一个和学习语言有关的故事。

（四）功能会话：听后模仿

1. 询问人或物的去向

（1）A：小王呢？

B：去图书馆了。

（2）A：他们呢？

B：回宿舍了。

（3）A：山本呢？

B：你看，他从下边上来了。

（4）A：彼得呢？

B：你看，他从那边过来了。

（5）A：小王呢？

B：她回家去了。

（6）A：大内呢？

B：她下楼去了。

（7）A：王老师呢？

B：王老师上楼去了。

（8）A：那张桌子呢？

B：我把它搬到楼上去了。

（9）A：你的自行车呢？

B：我的自行车被人偷走了。

（10）A：那本词典呢？

B：那本词典给人借走了。

2. 询问数量（2）

（1）A：他们学校的人数多还是你们学校的人数多？

B：他们学校的人数是我们学校的两倍。

（2）A：他们学校的人数比你们学校多多少？

B：他们学校的人数比我们学校多一倍。

（3）A：你们学校的人数比他们学校少多少？

B：我们学校的人数比他们学校少一半。

（4）A：本市公共汽车、电动车比三十年前增加了多少？

B：本市公共汽车、电动车比三十年前增加了一百多倍。

（5）A：今年你们学校浪费的水比去年减少了多少？

B：今年我们学校浪费的水比去年减少了二分之一。

3. 建议

（1）A：我建议，今天晚上去中国餐厅吃晚饭。

B：太好了！

（2）A：我建议，今天举办一个晚会，庆祝贝拉的生日。

B：我同意。

（3）A：快把窗户开开，这屋里烟味儿太大了。

B：好吧。

（4）A：快把窗户打开，这屋子里空气不太好。

B：行。

（5）A：快把窗户关上，这屋里有点儿冷。

B：没问题。

（6）A：快把窗户关上，外边刮风了。

B：哎！

4. 要求别人做某事

（1）A：请你介绍一下学习方法。

B：好吧。

（2）A：请你们复习一下课文。

B：好。

（3）A：请你把自行车放在外边。

B：行。

（4）A：请你把这张照片带给马教授。

B：没问题。

（5）A：你们要好好儿地学习。

B：一定。

（6）A：你明天要早早儿地来。

B：一定。

5. 劝阻

（1）A：我想去散步。

B：你别去了，咱们去看电视吧。

（2）A：我想睡觉。

B：别睡了，咱们去跳舞吧。

（3）A：你帮我找一位辅导老师吧。

B：你的病还没好呢，别这么着急。

（4）A：我想去饭店给您过生日。

B：那个地方去不得，太贵了！

（5）A：我给儿子买来一本杂志。

B：这种杂志小孩子看不得，里面有不少恋爱的故事。

四 家庭作业 Homework

（一）用下列生词至少组成两个短语

（1）强调：________ ________　　（2）需要：________ ________

（3）使用：________ ________　　（4）发展：________ ________

（5）承认：________ ________　　（6）改正：________ ________

（7）掌握：________ ________　　（8）责怪：________ ________

（9）痛苦：________ ________　　（10）缺点：________ ________

（二）连线

养成	承认错误
改正	样子
应该	好习惯
不能	方法
错误的	缺点
痛苦的	否认事实

模仿	听和说
同意	笑话
交际	掌握
强调	能力
闹	正确的语调
基本	我的观点

（三）阅读

油断一时，怪我一生

有一个专门研究建筑的中国工程师在日本访问期间，参观了许多建筑工地。他经常在工地上看到“油断一时，怪我一生”的牌子。回国以后他对一位日本朋友说：“我这次访问日本时，觉得日本工人对自己要求非常严格，值得我们好好儿学习。”日本朋友听了觉得很奇怪，问他为什么这样说。他回答说：“我在日本工地上到处都看见‘油断一时，怪我一生’八个字。你想，只是因为一时断了油，就责怪自己一生，这不是对自己要求很严格吗？”朋友一听就笑了，说：“你这种解释是按照汉语的意思理解的。在日语里‘油断’是‘粗心’‘不小心’的意思。‘怪我’是‘受伤’‘痛苦’的意思。这八个字组合（zǔhé，to combine）在一起的大概意思是：工作的时候一时粗心，受了伤，使你痛苦一生。”这位工程师听了日本朋友的解释，不好意思地笑了，说：“日语里有的汉字跟汉语意思不一样。如果按照汉语的意思理解，就闹笑话了。”

1. 回答问题

（1）这篇短文告诉我们什么？

（2）这位工程师为什么认为日本的工人对自己要求非常严格？

（3）这位工程师对牌子的理解对不对？为什么？

2. 复述短文

（四）写作

请从“课堂讨论”的三个题目中任选一个写出来，字数不少于200字。

五 语法 Grammar

表示比较的方法 Ways to make comparisons

表示比较的方法主要有以下几种：

The following are the main methods to make comparisons:

1. 用副词“比较／更／最”来表达比较。例如：

Using the adverbs “比较” “更” or “最” makes comparisons. E.g.:

（1）他的口语成绩比较好。

（2）昨天的气温高，今天的气温更高。

（3）这种鞋最便宜。

2. 用“一样”或“跟……一样”来表达比较。例如：

Using “一样” or “跟……一样” makes comparisons. E.g.:

（1）他们的意见一样。

（2）他的成绩跟她一样。

（3）他的年龄跟我一样大。

3. 用“比”字句来表达比较。例如：

Using a “比” sentence makes comparisons. E.g.:

（1）这个房间比那个大。

（2）他比我更／还努力。

（3）生词一课比一课多。／成绩一次比一次好。

4. 用“A（没）有B（这么／那么）+形容词”来表达比较。例如：

Using the construction “A (没)有 B (这么/那么) + 形容词” makes comparisons. E.g.:

（1）那个孩子有这个书架那么高。

（2）他跑得没有我这么快。

5. 用“不如”来表达比较。例如：

Using “不如” makes comparisons. E.g.:

（1）我的成绩不如他的好。

（2）给小孩子买衣服，小一点儿不如大一点儿。

Glossary
词汇总表

A			
矮	（形）	ǎi	2
爱	（动）	ài	2
爱面子		ài miànzi	10
爱情	（名）	àiqíng	4
安静	（形）	ānjìng	3
安慰	（动）	ānwèi	8
B			
帮忙	（动）	bāngmáng	1
饱	（形）	bǎo	3
保存	（动）	bǎocún	3
保卫	（动）	bǎowèi	8
保卫处	（名）	bǎowèichù	8
保质期	（名）	bǎozhìqī	3
报站	（动）	bàozhàn	6
杯子	（名）	bēizi	1
背	（名）	bèi	8
倍	（量）	bèi	6
被	（介）	bèi	5
辈子	（名）	bèizi	7
奔	（动）	bēn	4
笨	（形）	bèn	10
比	（介）	bǐ	2
比如	（动）	bǐrú	2
变	（动）	biàn	2
变化	（名）	biànhuà	2
并	（连）	bìng	8
并且	（连）	bìngqiě	8
博士	（名）	bóshì	6
不如	（动）	bùrú	4
C			
草坪	（名）	cǎopíng	4
草原	（名）	cǎoyuán	8
长度	（名）	chángdù	6
承认	（动）	chéngrèn	10
成为	（动）	chéngwéi	5
吃苦	（动）	chīkǔ	7
充满	（动）	chōngmǎn	6
初		chū	7
处	（名）	chù	5
穿	（动）	chuān	6
穿越	（动）	chuānyuè	5
传说	（名）	chuánshuō	4
传统	（形）	chuántǒng	4
创造	（动）	chuàngzào	5
此	（代）	cǐ	9
从此	（副）	cóngcǐ	9
从前	（名）	cóngqián	7
催	（动）	cuī	9
村（子）	（名）	cūn(zi)	7
存折	（名）	cúnzhé	9
错误	（名）	cuòwù	10
D			
答案	（名）	dá'àn	2
打扮	（动）	dǎban	1
打算	（动）	dǎsuàn	2

打招呼		dǎ zhāohu	3
大概	（副）	dàgài	10
大寿	（名）	dàshòu	7
呆	（形）	dāi	4
代替	（动）	dàitì	6
戴	（动）	dài	2
单间	（名）	dānjiān	7
单位	（名）	dānwèi	1
蛋	（名）	dàn	7
倒	（动）	dǎo	8
倒霉	（形）	dǎoméi	9
到达	（动）	dàodá	5
到底	（副）	dàodǐ	10
到期	（动）	dàoqī	2
道	（量）	dào	5
道理	（名）	dàolǐ	3
道路	（名）	dàolù	6
得到	（动）	dédào	1
登	（动）	dēng	5
等	（助）	děng	4
等待	（动）	děngdài	4
递	（动）	dì	6
地球	（名）	dìqiú	5
地址	（名）	dìzhǐ	9
点头	（动）	diǎntóu	10
电动车	（名）	diàndòngchē	8
电视机	（名）	diànshìjī	9
店	（名）	diàn	3
顶	（量）	dǐng	2
短信	（名）	duǎnxìn	8
段	（量）	duàn	5
断	（动）	duàn	8
锻炼	（动）	duànliàn	6
对象	（名）	duìxiàng	1
顿	（量）	dùn	7

E			
而	（连）	ér	5
耳环	（名）	ěrhuán	9
F			
发达	（形）	fādá	6
发生	（动）	fāshēng	8
发现	（动）	fāxiàn	1
发展	（动）	fāzhǎn	10
反正	（副）	fǎnzhèng	10
放假	（动）	fàngjià	6
飞船	（名）	fēichuán	4
飞快	（形）	fēikuài	10
非	（动）	fēi	5
分别	（动）	fēnbié	9
否认	（动）	fǒurèn	10
抚摸	（动）	fǔmō	5
斧子	（名）	fǔzi	9
父母	（名）	fùmǔ	2
G			
改	（动）	gǎi	10
改善	（动）	gǎishàn	6
改正	（动）	gǎizhèng	10
感到	（动）	gǎndào	2
感受	（名）	gǎnshòu	7
高大	（形）	gāodà	8
给	（助）	gěi	9
更换	（动）	gēnghuàn	3
工程	（名）	gōngchéng	10
工程师	（名）	gōngchéngshī	10
工地	（名）	gōngdì	10
公安	（名）	gōng'ān	9
公安局	（名）	gōng'ānjú	9
公斤	（量）	gōngjīn	2

公里	（量）	gōnglǐ	2
估计	（动）	gūjì	6
古	（形）	gǔ	8
古代	（名）	gǔdài	2
瓜	（名）	guā	3
关	（名）	guān	5
观点	（名）	guāndiǎn	10
罐头	（名）	guàntou	6
光	（副）	guāng	2
光	（名）	guāng	4
柜子	（名）	guìzi	9
国际	（形）	guójì	1
H			
海棠	（名）	hǎitáng	4
好汉	（名）	hǎohàn	5
好几	（数）	hǎojǐ	1
好	（动）	hào	1
合格	（形）	hégé	3
合理	（形）	hélǐ	3
盒子	（名）	hézi	3
厚	（形）	hòu	3
后代	（名）	hòudài	5
忽然	（副）	hūrán	1
话剧	（名）	huàjù	7
怀疑	（动）	huáiyí	9
坏	（形）	huài	8
欢快	（形）	huānkuài	6
会	（名）	huì	8
会议	（名）	huìyì	6
婚姻	（名）	hūnyīn	1
活	（形）	huó	1
活儿	（名）	huór	7
伙伴	（名）	huǒbàn	9

J			
鸡蛋	（名）	jīdàn	7
基本	（形、副）	jīběn	10
激动	（形）	jīdòng	9
及时	（副）	jíshí	4
级	（名）	jí	5
急忙	（副）	jímáng	10
纪念品	（名）	jìniànpǐn	9
既然	（连）	jìrán	3
寄件人	（名）	jìjiànrén	9
肩	（名）	jiān	5
减	（动）	jiǎn	6
减肥	（动）	jiǎnféi	6
减少	（动）	jiǎnshǎo	6
见面	（动）	jiànmiàn	1
交际	（动）	jiāojì	10
叫	（介）	jiào	9
接着	（副）	jiēzhe	5
结果	（连）	jiéguǒ	8
解饿	（动）	jiě'è	2
解渴	（动）	jiěkě	2
解释	（动）	jiěshì	9
戒指	（名）	jièzhi	9
尽力	（动）	jìnlì	1
尽头	（名）	jìntóu	5
经济	（名）	jīngjì	7
经历	（名）	jīnglì	6
惊叹号	（名）	jīngtànhào	5
精彩	（形）	jīngcǎi	3
精神	（形）	jīngshen	1
酒店	（名）	jiǔdiàn	7
救	（动）	jiù	1
局	（名）	jú	9
橘子	（名）	júzi	3

据	（介）	jù	6
卷	（量）	juǎn	10
K			
卡拉 OK		kǎlā OK	7
开会	（动）	kāihuì	8
开心	（形）	kāixīn	4
开学	（动）	kāixué	6
看不起	（动）	kànbuqǐ	3
看作	（动）	kànzuò	4
可	（能动）	kě	8
克服	（动）	kèfú	1
刻苦	（形）	kèkǔ	1
课堂	（名）	kètáng	10
肯定	（副）	kěndìng	8
空气	（名）	kōngqì	1
空隙	（名）	kòngxì	6
扣子	（名）	kòuzi	6
筐	（名）	kuāng	3
困难	（名）	kùnnan	1
L			
来	（名）	lái	5
来着	（助）	láizhe	7
栏	（名）	lán	9
老大爷	（名）	lǎodàye	6
老婆	（名）	lǎopo	1
老是	（副）	lǎoshì	7
老实	（形）	lǎoshi	6
厘米	（量）	límǐ	2
礼堂	（名）	lǐtáng	6
理解	（动）	lǐjiě	2
理想	（名）	lǐxiǎng	5
力气	（名）	lìqi	3
立交桥	（名）	lìjiāoqiáo	6
立刻	（副）	lìkè	8
连接	（动）	liánjiē	5
恋爱	（名、动）	liàn'ài	7
亮	（形）	liàng	4
了	（动）	liǎo	1
瞭望台	（名）	liàowàngtái	5
邻居	（名）	línjū	7
领	（动）	lǐng	8
领导	（名）	lǐngdǎo	3
另	（代）	lìng	2
另外	（连）	lìngwài	10
龙	（名）	lóng	4
路上	（名）	lùshang	3
录像	（动、名）	lùxiàng	7
旅行社	（名）	lǚxíngshè	1
绿	（形）	lǜ	5
轮	（量）	lún	4
M			
麻将	（名）	májiàng	7
买卖	（名）	mǎimai	3
毛病	（名）	máobìng	8
帽子	（名）	màozi	2
美丽	（形）	měilì	4
猛	（副）	měng	6
梦想	（名）	mèngxiǎng	5
面积	（名）	miànjī	6
面子	（名）	miànzi	10
民歌	（名）	míngē	4
民俗	（名）	mínsú	2
民族	（名）	mínzú	4
明亮	（形）	míngliàng	4
模仿	（动）	mófǎng	10
摩托车	（名）	mótuōchē	8

N			
那里	（代）	nàlǐ	10
那样	（代）	nàyàng	4
奶	（名）	nǎi	2
耐心	（形、名）	nàixīn	4
难过	（形）	nánguò	9
闹	（动、形）	nào	9
闹钟	（名）	nàozhōng	9
内容	（名）	nèiróng	2
年代	（名）	niándài	6
牛奶	（名）	niúnǎi	2
农历	（名）	nónglì	4
农贸市场		nóngmào shìchǎng	3
农民	（名）	nóngmín	8
弄	（动）	nòng	8
P			
牌子	（名）	páizi	10
匹	（量）	pǐ	8
……品		…pǐn	9
平方	（名、量）	píngfāng	6
平方米	（量）	píngfāngmǐ	6
破	（形、动）	pò	3
破旧	（形）	pòjiù	3
扑克	（名）	pūkè	7
普通	（形）	pǔtōng	2
普通话	（名）	pǔtōnghuà	2
Q			
期	（名）	qī	2
期间	（名）	qījiān	10
其实	（副）	qíshí	10
气氛	（名）	qìfēn	6
奇迹	（名）	qíjì	5

棋	（名）	qí	7
千儿八百		qiān'er-bābǎi	7
强	（形）	qiáng	8
强调	（动）	qiángdiào	10
强壮	（形）	qiángzhuàng	8
亲戚	（名）	qīnqi	7
轻	（形）	qīng	2
晴朗	（形）	qínglǎng	4
娶	（动）	qǔ	7
缺点	（名）	quēdiǎn	10
却	（副）	què	2
确实	（副）	quèshí	5
群	（量）	qún	8
R			
让	（介）	ràng	8
让座儿	（动）	ràngzuòr	6
绕	（动）	rào	5
热乎乎	（形）	rèhūhū	1
热心	（形）	rèxīn	1
人家	（代）	rénjia	1
人口	（名）	rénkǒu	6
人类	（名）	rénlèi	5
日记	（名）	rìjì	5
日期	（名）	rìqī	3
日子	（名）	rìzi	8
如	（连）	rú	3
如果	（连）	rúguǒ	3
软	（形）	ruǎn	7
弱	（形）	ruò	8
S			
洒	（动）	sǎ	4
沙丁鱼	（名）	shādīngyú	6
傻	（形）	shǎ	1

伤	（名、动）	shāng	10
商贩	（名）	shāngfàn	3
社会	（名）	shèhuì	2
身高	（名）	shēngāo	1
升	（动）	shēng	4
生动	（形）	shēngdòng	6
声	（名）	shēng	6
声音	（名）	shēngyīn	6
省	（动）	shěng	2
省	（名）	shěng	5
失望	（形）	shīwàng	1
石（头）	（名）	shí(tou)	5
时期	（名）	shíqī	5
使用	（动）	shǐyòng	10
似的	（助）	shìde	6
事实	（名）	shìshí	10
适合	（动）	shìhé	6
收件人	（名）	shōujiànrén	9
手纸	（名）	shǒuzhǐ	10
首先	（副）	shǒuxiān	6
受伤	（动）	shòushāng	10
售票员	（名）	shòupiàoyuán	1
瘦	（形）	shòu	3
书包	（名）	shūbāo	8
数码相机	（名）	shùmǎ xiàngjī	8
摔	（动）	shuāi	8
帅	（形）	shuài	1
说法	（名）	shuōfǎ	5
硕士	（名）	shuòshì	6
司机	（名）	sījī	1
私事	（名）	sīshì	2
死	（动）	sǐ	7
随时	（副）	suíshí	2
所	（名）	suǒ	1

所以	（连）	suǒyǐ	3
所长	（名）	suǒzhǎng	1
T			
台阶	（名）	táijiē	5
抬	（动）	tái	7
太阳	（名）	tàiyáng	4
趟	（量）	tàng	8
讨	（动）	tǎo	1
特意	（副）	tèyì	9
腾飞	（动）	téngfēi	5
提前	（动）	tíqián	6
天空	（名）	tiānkōng	4
填写	（动）	tiánxiě	9
停	（动）	tíng	3
统计	（动）	tǒngjì	6
统一	（动）	tǒngyī	5
痛苦	（形）	tòngkǔ	10
透	（形）	tòu	9
图片	（名）	túpiàn	5
团圆	（动）	tuányuán	4
腿	（名）	tuǐ	8
退	（动）	tuì	3
W			
弯曲	（形）	wānqū	5
望	（动）	wàng	4
围	（动）	wéi	5
围绕	（动）	wéirào	5
伟大	（形）	wěidà	5
卫生	（名、形）	wèishēng	10
卫生纸	（名）	wèishēngzhǐ	10
味儿	（名）	wèir	1
问好	（动）	wènhǎo	3
问号	（名）	wènhào	5

捂	（动）	wǔ	8
X			
媳妇	（名）	xífu	7
戏	（名）	xì	7
线	（名）	xiàn	6
香蕉	（名）	xiāngjiāo	3
箱子	（名）	xiāngzi	7
享福	（动）	xiǎngfú	7
项链	（名）	xiàngliàn	9
相片儿	（名）	xiàngpiānr	6
象棋	（名）	xiàngqí	7
象征	（名）	xiàngzhēng	4
小伙子	（名）	xiǎohuǒzi	1
小偷儿	（名）	xiǎotōur	8
孝顺	（动）	xiàoshùn	7
孝心	（名）	xiàoxīn	7
笑话	（动、名）	xiàohua	10
心爱	（形）	xīn'ài	9
心思	（名）	xīnsi	8
新奇	（形）	xīnqí	2
信封	（名）	xìnfēng	7
信用卡	（名）	xìnyòngkǎ	9
信誉	（名）	xìnyù	3
信纸	（名）	xìnzhǐ	10
兴奋	（形）	xīngfèn	6
星级	（名）	xīngjí	7
星星	（名）	xīngxing	4
行政区	（名）	xíngzhèngqū	5
醒	（动）	xǐng	9
修建	（动）	xiūjiàn	5
需要	（动、名）	xūyào	10
学术	（名）	xuéshù	6
驯	（动）	xùn	8

Y			
眼镜	（名）	yǎnjìng	2
演	（动）	yǎn	7
演出	（动）	yǎnchū	7
羊	（名）	yáng	3
养	（动）	yǎng	7
养成		yǎngchéng	10
样	（量）	yàng	9
野	（形）	yě	8
夜晚	（名）	yèwǎn	4
一……也/都……		yī…yě/dōu…	6
一律	（副）	yílǜ	3
遗产	（名）	yíchǎn	5
一时	（副）	yìshí	4
义务	（形）	yìwù	1
银白	（形）	yínbái	4
拥挤	（形）	yōngjǐ	6
优良	（形）	yōuliáng	1
优秀	（形）	yōuxiù	1
油	（名）	yóu	10
有些	（代）	yǒuxiē	2
愉快	（形）	yúkuài	6
宇航员	（名）	yǔhángyuán	5
语调	（名）	yǔdiào	10
元宵	（名）	yuánxiāo	4
圆	（形）	yuán	4
约	（动）	yuē	9
约会	（名）	yuēhuì	9
月饼	（名）	yuèbing	3
月光	（名）	yuèguāng	4
月亮	（名）	yuèliang	4
越……越……		yuè…yuè…	8

云彩	（名）	yúncai	4
Z			
杂技	（名）	zájì	3
再说	（连）	zàishuō	3
攒	（动）	zǎn	7
早晨	（名）	zǎochen	9
责怪	（动）	zéguài	10
展览	（动）	zhǎnlǎn	7
战场	（名）	zhànchǎng	8
战争	（名）	zhànzhēng	8
掌握	（动）	zhǎngwò	10
招呼	（动）	zhāohu	3
照相机	（名）	zhàoxiàngjī	8
哲学	（名）	zhéxué	7
珍贵	（形）	zhēnguì	9
真实	（形）	zhēnshí	10
真正	（形）	zhēnzhèng	5
整个	（形）	zhěnggè	6
正确	（形）	zhèngquè	10
挣	（动）	zhèng	2
知识	（名）	zhīshi	8
只好	（副）	zhǐhǎo	3
终于	（副）	zhōngyú	5
钟头	（名）	zhōngtóu	2
周	（量）	zhōu	5
主人	（名）	zhǔrén	7
主要	（形）	zhǔyào	4
煮	（动）	zhǔ	7
砖	（名）	zhuān	5
装	（动）	zhuāng	3
壮	（形）	zhuàng	8
状况	（名）	zhuàngkuàng	6
准确	（形）	zhǔnquè	9
桌	（量）	zhuō	7
滋味	（名）	zīwèi	6
总	（副）	zǒng	1
总是	（副）	zǒngshì	1
组织	（动）	zǔzhī	2
座位	（名）	zuòwèi	6

专名 Proper nouns

A		
阿虎	Ā Hǔ	9
阿龙	Ā Lóng	9
B		
八达岭	Bādá Lǐng	5
北京大学	Běijīng Dàxué	3
C		
嫦娥	Cháng'é	4
嫦娥奔月	Cháng'é bēn yuè	4
陈红	Chén Hóng	7
春节	Chūnjié	4
春秋	Chūnqiū	5
D		
端午节	Duānwǔjié	4
G		
高山	Gāo Shān	1
H		
哈尔滨	Hā'ěrbīn	3
红娘	Hóngniáng	1
虎山	Hǔ Shān	5
黄河	Huáng Hé	3
火把节	Huǒbǎjié	4
J		
嘉峪关	Jiāyù Guān	5

L		
李逵探母	Lǐ Kuí Tàn Mǔ	7
林明	Lín Míng	8
M		
明代	Míngdài	5
Q		
秦朝	Qíncháo	5
秦始皇	Qín Shǐhuáng	5
清明节	Qīngmíngjié	4
S		
圣诞节	Shèngdànjié	4
四郎探母	Sìláng Tàn Mǔ	7
宋大江	Sòng Dàjiāng	7
T		
天安门	Tiān'ān Mén	5
W		
武汉	Wǔhàn	3
Y		
元宵节	Yuánxiāojié	4
Z		
《中国民俗研究》	《Zhōngguó Mínsú Yánjiū》	2
中秋节	Zhōngqiūjié	3
周小芳	Zhōu Xiǎofāng	1

Key to exercises and homework
课堂练习和家庭作业参考答案

第一课

三、课堂练习

（二）词语

1. 从本课生词表中选择合适的词语填空

（1）这个菜的味儿真香！

（2）教室里空气不太好，把窗户开开！

（3）我忽然发现白老师今天打扮得非常漂亮。

（4）回来的火车票由旅行社代买。

（5）那个孩子的爸爸是公共汽车司机，妈妈是售票员。

（6）她是去年毕业的，现在在国际旅行社工作。

（7）谁有事儿，老张都帮忙，他是个热心人。

（8）以后你有事儿，我一定尽力帮忙。

（9）中国人把经常给别人介绍对象的人叫作红娘。

（10）大家都说王欢是“学校婚姻介绍所”的“所长”。

（11）我的婚姻大事应该由我决定。

（12）这个小伙子长得真精神／帅。

（13）这次旅行他得到很多人的帮助，心里热乎乎的。

（14）他从小好玩儿，不喜欢学习。

（15）老师喜欢刻苦好学的学生。

（16）你这么不努力，太让人失望了。

（17）今天晚上7点咱们在文化公园门口见面，不见不散。

（18）我发现小王最近很爱打扮。

（19）每次考试大内的成绩都是优秀。

（20）他们克服了很多困难，取得了优良／优秀的成绩。

（21）小王每天早起晚睡，学习非常刻苦。

（22）屋子里烟味儿太大了，别抽烟了。

四、家庭作业

（二）把下列词语连成“把”字句

（1）我把那本书翻译完了。

（2）我把那封信寄走了。

（3）我把这些东西包好了。

（4）我把那个故事讲完了。

（5）我把水果洗好了。

（6）我把那些事儿忘了。

（7）我把宿舍打扫了。

（8）我把门关上了。

（9）我把练习本子交给老师了。

（10）我把可口可乐喝完了。

（11）我把那个病人救活了。

（12）我把包裹取回来了。

（三）选择正确的回答

（1）H （2）D （3）A （4）E （5）G （6）C （7）F （8）B

第二课

三、课堂练习

（二）词语

1. 从本课生词表中选择合适的词语填空

（1）艾米为了省钱买书，每天早上只吃面包。

（2）下了课，我去商店买牛奶。

(3) 你有问题，可以随时来找我。

(4) 你要是觉得寂寞，随时可以给我打电话，我跟你聊天儿。

(5) 走这条路比那条路近，可以省时间。

(6) 她这个月天天去学生食堂吃饭，省了不少钱。

(7) 你每个月挣多少钱？

(8) 我不喜欢别人问我的私事。

(9) 你怎么没戴眼镜？

(10) 我不习惯喝可口可乐，我觉得还是喝茶比较解渴。

(11) 艾米的爸爸是个书迷，他觉得读一本好书又解渴，又解饿。

(12) 你怎么光喝酒不吃菜？

(13) 学习语言不能光在教室里上课，还应该到社会上去学习。

(14) 我打算明年去上海学习。

(15) 很多姑娘爱打扮，喜欢穿漂亮的衣服。

(16) 外边很冷，把帽子戴上吧。

(17) 这篇课文的意思你能理解吗？

(18) 学校打算组织我们去西安旅行。

(19) 你知道这个问题的正确答案吗？

(20) 来中国以后，彼得对很多事情感到很新奇。

(21) 这里的变化很大，我以前住的地方找不到了。

2. 用指定的词语改写句子

发　现

(1) 来中国以后，彼得看到中国人的很多习惯跟美国人不一样。

来中国以后，彼得发现中国人的很多习惯跟美国人不一样。

(2) 你有没有觉得大内上子这几天不高兴？

你有没有发现大内上子这几天不高兴？

(3) 北京的冬天比以前暖和了，你觉得没觉得？

北京的冬天比以前暖和了，你发现没发现？

(4) 我觉得这本书的练习非常有用。

我发现这本书的练习非常有用。

（5）我知道了手机里的一个新功能。

我发现了手机里的一个新功能。

（6）我觉得中国这几年变化很大。

我发现中国这几年变化很大。

感　到

（1）贝拉收到男朋友寄来的生日礼物，她很高兴。

贝拉收到男朋友寄来的生日礼物，她感到很高兴。

（2）山本正一个人住在医院，他觉得很寂寞。

山本正一个人住在医院，他感到很寂寞。

（3）屋子里很暖和，出来以后有点儿冷。

屋子里很暖和，出来以后感到有点儿冷。

（4）大家都认为白老师非常关心同学们。

大家都感到白老师非常关心同学们。

（5）在老师的帮助下，同学们觉得自己一天比一天有进步。

在老师的帮助下，同学们感到自己一天比一天有进步。

（6）艾米对中国年轻人找对象的方式觉得很新奇。

艾米对中国年轻人找对象的方式感到很新奇。

打　算

（1）我想今年夏天去西安旅行。

我打算今年夏天去西安旅行。

（2）我要在中国学习四年。

我打算在中国学习四年。

（3）毕业以后，你想做什么工作？

毕业以后，你打算做什么工作？

（4）我想去天津，你呢？

我打算去天津，你呢？

（5）这件事儿我不想告诉他。

这件事儿我不打算告诉他。

(6) 我要把这件礼物送给方老师。

我打算把这件礼物送给方老师。

四、家庭作业

（二）在下列句子中填上合适的可能补语

(1) A：地图上的字你看得清吗？

B：字太小，我看不清。

(2) A：那个人说上海话，你听得懂吗？

B：我听不懂。

(3) A：老师说普通话，你听得懂吗？

B：我听得懂。

(4) A：这么多生词你记得住吗？

B：不太多，我记得住。

(5) A：这本小说你买得到吗？

B：这本小说书店里没有，现在买不到。

(6) A：这些衣服，你一天洗得完吗？

B：我用洗衣机，洗得完。

(7) A：这个照相机你一个星期修得好吗？

B：没问题，修得好。

(8) A：这首诗的意思你看得懂吗？

B：这首诗里没有生词，我看得懂。

(9) A：老师用汉语讲语法，你听得懂吗？

B：他讲得很慢，也很清楚，我听得懂。

(10) A：今天的练习你两个小时做得完吗？

B：这些练习不太难，我做得完。

（三）把下列句子改成正反问句

(1) 地图上的字你看得清楚吗？

地图上的字你看得清楚看不清楚？

（2）那个人说上海话你听得懂吗？

那个人说上海话你听得懂听不懂？

（3）老师说普通话你听得懂吗？

老师说普通话你听得懂听不懂？

（4）这么多生词你记得住吗？

这么多生词你记得住记不住？

（5）这本小说你买得到吗？

这本小说你买得到买不到？

（6）这些衣服你一个钟头洗得完吗？

这些衣服你一个钟头洗得完洗不完？

（7）这个照相机你一个星期修得好吗？

这个照相机你一个星期修得好修不好？

（8）这首诗的意思你看得懂吗？

这首诗的意思你看得懂看不懂？

（9）老师用汉语讲语法你听得懂吗？

老师用汉语讲语法你听得懂听不懂？

（10）今天的练习你两个小时做得完吗？

今天的练习你两个小时做得完做不完？

（四）阅读

1. 选择正确答案

（1）C　（2）B　（3）D　（4）B

第三课

三、课堂练习

（二）词语

1. 从本课生词表中选择合适的词语填空

（1）买点心的时候，要看看包装上有没有生产<u>日期</u>。

（2）小姐，你们公司的领导在吗？

（3）这些产品的质量不合格。

（4）做买卖应该讲信誉。

（5）我的筐已经装满了，再放香蕉／橘子，我就提不了了。

（6）这儿人太多了，不太安静，咱们去教室辅导吧。

（7）昨天晚上的足球比赛非常精彩。

（8）这件衣服太瘦了，我穿不合适。

（9）这本词典比那本厚。

（10）去超市买东西要把小票保存好。

（11）我吃得太饱了，不能再吃了。

（12）你最近比以前瘦了，是不是病了？

（13）本校学生一律参加考试。

（14）把钱包装在口袋里，别丢了。

（15）这里不能停车。

（16）雨停了，咱们走吧。

（17）我的衣服破了，该买新的了。

（18）做什么买卖挣钱多？我想自己做个小买卖，不知道做什么好。

（19）那个人跟你打招呼呢，你听见了吗？

（20）不少同学看不起小周，说他有点儿傻。

四、家庭作业

（二）阅读

1. 判别正误

（1）√	（2）×	（3）×	（4）×
（5）√	（6）√	（7）×	（8）√

第四课

三、课堂练习

（二）词语

从本课生词表中选择合适的词语填空

（1）中秋节是中国人的<u>传统／主要</u>节日之一。

（2）春节也是全家<u>团圆</u>的节日。

（3）今天艾米收到三封信，她<u>开心</u>极了！

（4）年轻人喜欢看<u>爱情</u>电影。

（5）他们把龙看作中国的<u>象征</u>。

（6）天上的<u>星星</u>数不清。

（7）今天天气真好，天上一点儿<u>云彩</u>也没有。

（8）你们年轻人就像早上八九点钟的<u>太阳</u>。

（9）你叫什么名字？我<u>一时</u>想不起来了。

（10）你看，月亮从东边<u>升</u>起来了。

（11）老师对学生应该<u>耐心</u>，不要批评他们。

（12）坐<u>飞船</u>可以到月亮上去。

（13）他已经80多岁了，身体一年<u>不如</u>一年了。

（14）你不能<u>那样</u>做！

（15）这是一个<u>传说</u>，可能不是真的。

（16）下课以后，要是不<u>及时</u>复习，学过的东西很快就忘了。

（17）学生的<u>主要</u>任务是学习。

四、家庭作业

（二）用"不如"改写句子，句子的意思不变

（1）小高比小周聪明。

小周不如小高聪明。

(2) 这棵树比那棵树高。

那棵树不如这棵树高。

(3) 她长得比她姐姐白。

她姐姐不如她白。

(4) 他长得比他弟弟精神。

他弟弟长得不如他精神。

(5) 大内的汉语比艾米说得流利。

艾米的汉语不如大内说得流利。

(6) 王才打字比方云天打得快。

方云天打字不如王才打得快。

(7) 方云天踢足球比王才踢得好。

王才踢足球不如方云天踢得好。

(8) 山本看书看得比贝拉快。

贝拉看书看得不如山本快。

(9) 小的西瓜没有大的那么甜。

小的西瓜不如大的那么甜。

(10) 上次考试没有这次这么好。

上次考试不如这次这么好。

(11) 她的裙子没有你的这么漂亮。

她的裙子不如你的这么漂亮。

(12) 这块草坪没有那块那么大。

这块草坪不如那块那么大。

(13) 这个房间比那个房间亮。

那个房间不如这个房间亮。

(14) 我们的教室比他们的教室大。

他们的教室不如我们的教室大。

(15) 他比我起得早。

我不如他起得早。

(16) 我跑得比他快。

他跑得不如我快。

(17) 我们学的生词比他们多。

他们学的生词不如我们多。

(18) 你比你弟弟高。

你弟弟不如你高。

(三) 阅读

1. 判别正误

(1) × (2) ✓ (3) × (4) × (5) ✓

(6) × (7) ✓ (8) ✓ (9) ✓ (10) ✓

第五课

三、课堂练习

(二) 词语

从本课生词表中选择合适的词语填空

(1) 多年来艾米每天晚上写日记。

(2) 到中国留学是我多年来的梦想。

(3) 我的理想是当一个汉学家。

(4) 美国宇航员登上了月球。

(5) 如果坐上午九点从北京出发的高铁，下午三点就可以到达西安。

(6) 站在长城的台阶上向远处望去，青山绿水，漂亮极了！

(7) 秦始皇统一中国，为社会的进步做出了贡献。

(8) “长城”翻译成英文是“伟大的墙”。

(9) 我们学校旁边正在修建地铁。

(10) 人民创造了历史和文化。

(11) 他汉语说得确实很好。

(12) 月亮围绕地球转。

（13）我每天早上绕操场跑一个小时。

（14）我先复习了课文，接着就开始做练习。

（15）妈妈抚摸着孩子的头，说："快快长大吧！"

（16）火车穿越六个国家，到达了英国。

（17）请把这些词语连接成句子。

（18）这条小路是用石头修建的。

（19）问题的后面应该写问号，不是惊叹号。

（20）有人说，长城是世界七大奇迹之一。

四、家庭作业

（二）阅读

2. 判别正误

（1）× （2）√ （3）× （4）×

第六课

三、课堂练习

（二）词语

从本课生词表中选择合适的词语填空

（1）你尝过受骗的滋味吗？

（2）路上车多、人多，交通非常拥挤，骑自行车千万要小心。

（3）我每天下午锻炼身体。

（4）师傅，哪儿卖衣服扣子？

（5）你吃过沙丁鱼罐头吗？

（6）这个房间的面积有40平方米。

（7）这位老大爷都80多岁了，他每天来这里锻炼身体。

（8）今天晚上礼堂有电影。

（9）晚会充满了友好的气氛。

（10）放假以后，我打算去欧洲旅行。

（11）你估计他们会同意吗？

（12）学校为改善学生的生活条件做了很大努力。

（13）请把课本递给我。

（14）祝你们旅行愉快。

（15）公共汽车上很挤，一点儿空隙也没有。

（16）吃了减肥药以后，他的体重减少了百分之五。

（17）你听，这是什么声音？

（18）那个孩子猛地喊了一声。

（19）这座立交桥修建好以后，这里的交通会得到改善。

（20）据统计，这条道路上有10个立交桥。

（21）挤车可以代替吃药，治感冒。

四、家庭作业

（二）用“比……更／还……”完成句子

（1）小王很聪明，小张比小王更／还聪明。

（2）小白很老实，小方比小白更／还老实。

（3）小于爱打扮，小丁比小于更／还爱打扮。

（4）小马爱吹牛，小吴比小马更／还爱吹牛。

（5）小高学习很努力，小刘比小高更／还努力。

（6）小杨写的文章很生动，小鲁比小杨更／还生动。

（7）小金做买卖讲信誉，小钱比小金更／还讲信誉。

（8）小李汉字写得很漂亮，小孙比小李写得更／还漂亮。

（9）小赵适合当经理，小周比小赵更／还适合当经理。

（10）小郑喜欢帮助别人，小陈比小郑更／还喜欢帮助别人。

（三）用倍数表达法改写句子

（1）A市有30万人口，B市有60万人口。

B市的人口是A市的两倍。／B市的人口比A市多一倍。

（2）A市面积4000平方公里，B市面积12000平方公里。

B市的面积是A市的三倍。／B市的面积比A市多两倍。

（3）A市有5所大学，B市有20所大学。

B市的大学是A市的四倍。/B市的大学比A市多三倍。

（4）A市有12座立交桥，B市有24座。

B市的立交桥是A市的两倍。/B市的立交桥比A市多一倍。

（5）A市每年生产汽车40万辆，B市每年生产汽车80万辆。

B市每年生产的汽车是A市的两倍。/B市每年生产的汽车比A市多一倍。

第七课

三、课堂练习

（二）词语

从本课生词表中选择合适的词语填空

（1）剧场正在演出京剧《李逵探母》。

（2）我一辈子也忘不了你。

（3）今天中午咱们包饺子还是煮面条儿？

（4）我喜欢学经济，不喜欢学哲学。

（5）于文去年攒了很多钱，她打算放假以后去旅行。

（6）我有个亲戚在美国。

（7）活儿很多，一天干不完。

（8）她正在跟小张的哥哥谈恋爱。

（9）这张桌子太重，咱们俩抬吧。

（10）父母把我们养大很不容易，他们老了，我们要好好孝顺他们。

（11）这些老人在一起打麻将，玩儿扑克，下象棋，看录像，生活得很愉快。

（12）今天下午我去看一个书法展览。

（13）这个箱子里都是衣服，没有别的。

（14）我早饭吃了一个面包、一个鸡蛋和一碗牛奶。

（15）他上班时老是最后一个来，第一个走。

（16）参观这个展览，你有什么感受？

（17）奶奶的牙不好，面条儿得煮软一点儿。

四、家庭作业

（二）把下列句子改成带可能补语“得／不得”的句子

（1）这顶帽子太大了，不能戴。

这顶帽子太大了，戴不得。

（2）那儿的东西太贵了，不能买。

那儿的东西太贵了，买不得。

（3）那个姑娘太厉害了，不能娶。

那个姑娘太厉害了，娶不得。

（4）那个地方为什么不能去？

那个地方为什么去不得？

（5）谁说这种饮料不能喝？

谁说这种饮料喝不得？

（6）那个房间能不能住？

那个房间住得住不得？

（7）那本杂志小孩子能不能看？

那本杂志小孩子看得看不得？

（8）这个问题得慢慢解决，不能急。

这个问题得慢慢解决，急不得。

（三）阅读

1. 判别正误

（1）× （2）× （3）× （4）✓ （5）×

（6）✓ （7）✓ （8）✓ （9）× （10）×

第八课

三、课堂练习

（二）词语

从本课生词表中选择合适的词语填空

（1）这些运动员的身体非常强壮。

（2）我的电脑出了毛病，开不了机。

（3）这件事儿他肯定知道。

（4）我刚要说话，小刘把我的嘴捂住了。

（5）这个城市有座高大的立交桥。

（6）今天下午老师们开会，不能给你辅导了。

（7）我喜欢在大草原上骑马。

（8）孙师傅的妻子死了，大家都来安慰他。

（9）她放下电话，立刻回家了。

（10）小王买了一辆摩托车／电动车。

（11）在这场战争中，死了很多人。

（12）小宋的工作是驯狗，教小狗表演节目。

（13）那个运动员突然摔倒了，他的腿摔断了。

（14）最近几年，这里发生了很大变化。

（15）艾米了解了很多历史方面的知识。

（16）那些年轻人积极当兵，保卫自己的国家。

（17）我新买的电动车／摩托车／照相机／数码相机昨天丢了。

（18）他们是郊区的农民，来到城市里卖菜。

（19）金汉成从书包里拿出来一本词典。

（20）发短信比打手机省钱。

（21）你的身体太弱了，应该加强锻炼。

四、家庭作业

（二）把下列“把”字句改成“被”字句

（1）我在商店买东西的时候，小偷儿把我的钱包偷走了。

我在商店买东西的时候，（我的）钱包被小偷儿偷走了。

（2）彼得把我的自行车弄坏了。

我的自行车被彼得弄坏了。

（3）他们把那个病人送到医院去了。

那个病人被他们送到医院去了。

（4）人们把小偷儿抓住了。

小偷儿被人们抓住了。

（5）他们没把这本书拿走。

这本书没被他们拿走。

（6）那位司机把我的汽车修好了。

我的汽车被那位司机修好了。

（7）妈妈把走丢的孩子领回来了。

走丢的孩子被妈妈领回来了。

第九课

三、课堂练习

（二）词语

从本课生词表中选择合适的词语填空

（1）艾米买了好几样点心。

（2）谁来解释一下这个生词？

（3）方龙每天早晨打半个小时太极拳。

（4）小郑送给我一件非常珍贵的礼物。

（5）别难过，放心，你的病很快就能好。

（6）请把你家的地址写在这儿。

(7) 星期天早上，我醒了以后没马上起床。

(8) 雨太大了，小王的衣服都湿透了。

(9) 你约小吴了吗？他怎么还不来？

(10) 刘老师，我今天特意来看看您。

(11) 他跟女朋友每个星期天都有约会。

(12) 你怎么怀疑小李拿走了你的足球？

(13) 收到天津市公安局寄来的小闹钟，贝拉激动得说不出话来了。

(14) 这两本词典是我的好伙伴，我们每天在一起。

(15) 小林从柜子下边拿出来一副球拍。

(16) 在这一栏里填写什么？

(17) 我已经催了他三次，他还没出来。

(18) 我们明天就要分别了，我送你一件纪念品。

(19) 彼得去银行取钱的时候把信用卡／存折丢了。

(20) 真倒霉，我的电视机和电脑都坏了。

(21) 你这个字的发音很准确，一点儿毛病也没有。

(22) 寄包裹的时候，寄件人和收件人的地址、姓名都要写清楚。

四、家庭作业

(三) 阅读

1. 选择正确答案

(1) B　(2) A　(3) B　(4) B　(5) B

第十课

三、课堂练习

(二) 词语

从本课生词表中选择合适的词语填空

(1) 他总是责怪别人，从来不责怪自己。

（2）你看见工地上的大牌子了吗？

（3）厕所里的手纸／卫生纸已经用完了，得再买一些。

（4）这种卫生纸／手纸／信纸／油的质量不太好，你买那种吧。

（5）大内的语音语调不太好，老师让她多听录音，多模仿。

（6）我喜欢建筑，毕业以后想当工程师。

（7）这些生词我已经完全掌握了。

（8）那里是工地，小孩子不能在那儿玩儿。

（9）那些老人身体不好，需要别人照顾。

（10）你需要什么东西就告诉我，我一定给你买。

（11）你们到底去不去旅行？怎么还没决定？

（12）我早睡早起的习惯是小时候养成的。

（13）春节期间孩子们穿上新衣服，可高兴了。

（14）不怕有错误，就怕不承认错误，不改正错误。

（15）我怎么这么笨？别人都记住了，我记不住。

（16）有的日本女学生爱面子，怕说错了。

（17）语言是不断发展的，最近几年出了很多新词。

（18）老师多次强调学习语言是为了交际／使用。

（19）他的发音基本正确，说得也比较流利。

（20）那辆汽车飞快地开过去了。

（21）小李腿摔断了，我们急忙把他送到医院。

（22）他否认这个事实。

（23）他没有承认错误。

（24）事实上，他并没有错。你同意我的观点吗？

四、家庭作业

（二）连线

养成	承认错误
改正	样子
应该	好习惯
不能	方法
错误的	缺点
痛苦的	否认事实

模仿	听和说
同意	笑话
交际	掌握
强调	能力
闹	正确的语调
基本	我的观点

Index of grammar (Volume 2—Volume 5)
语法索引（第2册—第5册）